U0898705

蠹鱼书坊出品

蠹鱼文丛

书名题签：陈丹青
策划组稿：周音莹
夏春锦
篆　　刻：寿勤泽
书票设计：崔文川
封底篆刻：蔡泓杰

夏春锦　著

木心考索

浙江古籍出版社

图书在版编目(CIP)数据

木心考索 / 夏春锦著 . -- 杭州 : 浙江古籍出版社，2019.7（2021.8重印）
（蠹鱼文丛）
ISBN 978-7-5540-1567-4

Ⅰ.①木… Ⅱ.①夏… Ⅲ.①木心（1927-2011）—人物研究 Ⅳ.①K825.6

中国版本图书馆CIP数据核字（2019）第131084号

木心考索

夏春锦　著

出版发行　浙江古籍出版社
（杭州市体育场路347号　邮编：310006）
网　　址　https://zjgj.zjcbcm.com
责任编辑　伍姬颖
整体装帧　刘　欣
责任校对　吴颖胤
责任印务　楼浩凯
照　　排　浙江时代出版服务有限公司
印　　刷　绍兴市越生彩印有限公司
开　　本　787 mm × 1092 mm　1/32
印　　张　9　　　插　　页　6
字　　数　180千字
版　　次　2019年7月第1版
印　　次　2021年8月第2次印刷
书　　号　ISBN 978-7-5540-1567-4
定　　价　39.00元

二十世纪七十年代的木心

一九八一年春节木心在高桥与王奕及其子女合影

旅居纽约的木心

回到乌镇安度晚年的木心

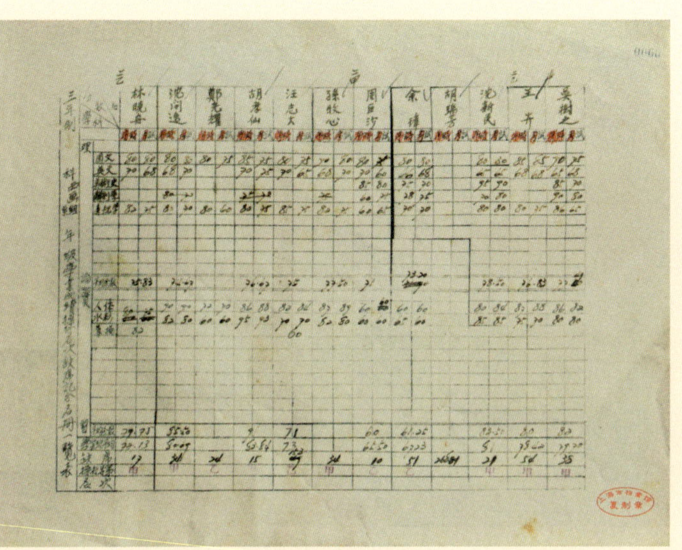

木心就读上海美专时的成绩单

木心手写的世界文学史讲义

木心绘《北暮》

木心美术馆全景

序一

陈子善

木心这个名字，在今日中国文学界，几乎是无人不知无人不晓了，虽然对其文学成就不以为然的，也有人在。这本是题中应有之义，对一位作家及其作品，有人喜欢，有人不喜欢，自古而然，中外皆然，不足为怪。

尽管木心的众多诗文已陆续出版，尽管木心美术馆也已在他故乡建立，尽管木心纪念和研究专号也已出版了好几辑。但是，木心到底是一个什么样的人，他的人生经历怎样，他有哪些交游，他在艺术和文学创作上是如何起步和发展变化，海峡两岸又是如何接受木心的？这一系列的问题，即便是木心爱好者，恐怕也不甚了然，同时也一直困扰着木心研究者。从这个角度讲，当年台北《联合文学》创刊号隆重推出木心“专卷”，称其为“一个文学的鲁滨逊”[①]，至今不能算完全过时。

值得庆幸的是，木心研究这些不应有的空白，终于得到了一定的填补，因为我们终于有了第一本探索木心生平和文学历程的书[②]，那就是夏春锦所著的这部《木心考索》。这使我们有足够的理由感到高兴。

春锦来自福建，在木心故乡浙江桐乡工作，桐乡地灵人杰，文化积累深厚，单从新文学传统看，就产生了茅盾、丰子恺、钱君匋、孔另境等名作家，而今又出现了一个独特的木心。春锦对文史情有独钟，除了主编“蠹鱼文丛”和民间读书刊物《梧桐影》，也对木心其人其文产生了浓厚的兴趣，近年来一直致力于木心研究，《木心考索》是他从事木心研究的第一本著作。

章学诚《文史通义》云：“高明者多独断之学，沉潜者尚考索之功。”春锦以“考索”作为研究木心的书名，可见其学术兴趣之所在。春锦在此书中对木心家族往事、求学生涯、初涉文学、办刊经历、当年留影、与茅盾和夏承焘等的关系，以及在沪遗踪等等，从查阅文献档案、走访知情者到实地考察，都很下了一番考索功夫，还充分利用了已有的木心研究成果。全书侧重木心前期生活和文学活动史料的爬梳，对木心后期文学业绩和木心接受史也努力追踪，均有可喜的收获，而《木心传略》和《木心年表》的撰述，也为编纂较为详尽的《木心编年事辑》打下了良好的基础。

我曾多次重申过一个观点，即研究一位有特色有影响的作家，必须建立这位作家较为完备的文献保障体系，创作系年、同时代人的回忆以及各种评论资料，均不可偏废。这是基本的史料整理和积累工作，必须扎扎实实地做，必须持之以恒，来不得半点马虎。这个观点无疑也适用于木心，《木心考索》的问世不就是一个有力的证明吗？

对木心研究而言，确实还有许多未知数。木心原名孙璞，字玉山，学名孙牧心，而木心是孙牧心最常用也最广为人知的笔名，就像鲁迅是周树人的笔名、茅盾是沈雁冰的笔名一样。但据木心自述，从一九四一至一九八四年间，他还使用过吉光、高沙、裴定、马汗、桑夫、林思、司马不迁、赵元莘和杨蕊九个笔名。[③]令人遗憾的是，木心用这九个笔名发表的作品，至今未能找到一篇。《木心考索》中的《木心笔名刍议》一文，对“木心”作了很好的释读，认为“这个笔名是包含着木心本人深刻的寄托的”，但对木心其他九个笔名都暂未找到令人信服的实证。从而，也再次证明了我的另一个观点，即笔名问题很可能会成为我们更全面更深入地研究一位作家的制约，这就有待春锦和其他有志于此的木心研究者的发掘了。

自一九九〇年代中期起，我根据自己对木心文学创作的认知，数次在报刊上推介木心。这本是我应该做的事，因此，随着时光的流逝，有些细节我自己也不复记忆了。但春锦是有心人，在《木心考索》中也对我的这些工作做了钩沉和评论，我在受之有愧之余，应向他深深致谢。

木心有许多难得之处，在我看来，最难得的是，他是较早也较为成功地摆脱了那套流行话语的束缚和影响，在文学创作上独辟蹊径、自树一帜的一位作家。写中国当代文学史，木心这个名字是决不能再视而不见了，否则，这部文学史就是残缺不全的。而不是学院中人的夏春锦，却做了本应由学院中人所做的工作，完成了这本《木心考索》，也实在难得。相信他一定会在木心研究上继续“沉潜”，踏踏实实地走下去，并取得更大的成绩。

丁酉冬于海上梅川书舍

注释：

①《联合文学》月刊一九八四年十一月创刊于台北，创刊号刊出题为“木心，一个文学的鲁滨逊”的“作家专卷”，其中有《木心答客问》、《木心小传》、《木心著作一览》、《也是画家木心》（陈英德作）和“木心散文个展”（收入《明天不散步了》《哥伦比亚的倒影》等4篇散文），迄今已有三十五年。

②先于《木心考索》，广西师范大学出版社二〇一五年八月出版了李

劼著《木心论》，正如书名所揭示的，此书系对木心的文学作品和文学演讲进行品评阐释，并非对木心生平事迹进行考证梳理。

③参见《木心著作一览》之“笔名（一九四一～一九八四）”部分，台北：《联合文学》一九八四年十一月创刊号。此外，木心早年在桐乡乌镇和杭州与友人合办油印刊物《泡沫》时，还使用过罗干的笔名，惜《泡沫》至今未见，具体使用情况目前难以查明。

序二

陇菲

木心，桐乡人。桐乡后进夏春锦，思慕其人，追踪寻迹，先有二〇一三年《梧桐影》第五辑《木心纪念专辑》之初编。此后，又有二〇一五年《梧桐影》特辑《爱木心》之续编。陇菲承邀，曾为《爱木心》作序。通读续编，有春阳暖暖，春雷振振，春风习习，春雨淅淅，春苗离离，春日熙熙之感。

而今，春锦君又邀我为其专著《木心考索》作序。

披览一过，十余万言，皆其求索、考证、调查、实录之得。

读木心文字不易，识木心其人尤难。

《孟子》说："颂其诗，读其书，不知其人，可乎？"（《万章》）

司马迁之《史记》，开"列传"之体，为各色人物立传。其《屈原传赞》"悲其志"，而"未尝不垂涕想见其为人"。

桐乡春锦，秉承古贤作风，一心为木心立传，成《木心考索》一书，虽说还未臻于大传之至善，却已初具立传之基础。

《考索》一编，举凡家世、亲友、开蒙就学、负笈学艺、闯荡谋生、噩梦、散步美国、叶落归根、复出归来、成名轰动，以及文学创作、绘画音乐、出版、展览、笔名、旧照、交谊、书简、故居、遗迹、影响、评价等等，拾遗不分巨细，积沙蔚为大观。基于此，还在木心“自制年表”基础之上，订误纠谬，拾遗补阙，新编一较为全备、较为翔实的《木心年表》，为研究木心生平，立下华木标识。

木心的信条是：“呈现艺术，退隐艺术家。”

木心迥然绝尘，嫉俗如仇，小心避祸，祓禊其身。“有如狮子，每行一步，辄掉尾扫去沙土中足印，俾追者无可踪迹。”（利奥·斯皮策《语言学与文学史》，钱锺书《谈艺录》译文）

木心终其一生，隐于朝市。“善行无辙迹”（老子语），“羚羊挂角，莫道踪迹，气息也无”（《五灯会元》）。欲见真容，欲窥全身，实有特别难度。春锦君《木心考索》，所费心思劳力，难为外人详说。

夏春锦者，知难而进，矢志不移，究竟为何？

孔子说：“知之者，不如好之者。好之者，不如乐之者。”

陇菲续貂：“乐之者，乃爱之者也。”

“爱木心”者，春锦心志。

有心如此，何难不克？有志如此，何事不成？

寥寥数语，不成敬意，以表感佩，是为之序。

二〇一七年九月廿九日草拟

二〇一七年十月八日成稿

京东燕郊独弹斋

目录

辑一　传略

木心传略

作为诗人、文学家、画家的木心，其文艺成就逐渐为世人所认知，但由于其一生经历颇为坎坷曲折，再加上终生奉行福楼拜的“呈现艺术，退隐艺术家”的信条，很少向外界述及自己的身世和经历。这就造成木心至今还是谜一样的人物，世人对其生平了解或者不确实，或者不确定，甚至普遍存在以讹传讹的现象。这些在造成许多不必要麻烦的同时，也阻碍了正常的学术研究。本文立足现有资料，在木心九十周年诞辰之际，第一次以传略的形式为世人描绘木心的人生轨迹，希望能有助于人们加深对其人及其文学艺术形成背景的了解和理解。

生平事略

名号

木心，一九二七年二月十四日生于乌镇东栅栏杆桥（一说太平桥）的孙家老宅。原名孙璞，又名孙仰中，字玉山，亲友昵称阿中。后再改作孙牧心，从此成为其通用名和正式名。

木心从一九四〇年开始写作并发表作品，一九四一年至一九八四年所使用过的笔名有罗干、吉光、高沙、裴定、马汗、桑夫、林思、司马不迁、赵元莘、杨蕊、木心等。其中木心为最常用的笔名，始用于出国前的一九八一年。

家世

木心原籍浙江绍兴，自祖父孙秀林于清末举家迁至乌镇后，遂成乌镇人。孙家置有田庄，家道殷实。木心从小锦衣玉食、娇生惯养，长到十多岁尚无上街购物的经验。

祖父孙秀林（？～一九二七），身强力壮，勤俭有为，因头脑灵活，精通农艺，在绍兴时已小有资财。来乌镇前曾只身赴湖州帮助妻舅开荒创业，返回途中逗留乌镇，了解到乌镇的创业条件优于湖州，遂下定决心，回绍兴卖掉家产后举家迁居乌镇。孙秀林于一九二七年木心出生当年病逝。

父亲孙德润（？～一九三三），自幼体弱多病，几乎常年医药补品不离身，勉强读完高小，即在家调养。孙秀林预知儿子的难处，就在同乡中物色了贤淑能干的沈珍做为儿媳妇。孙德润于一九三三年木心七岁时病逝。

母亲沈珍（一八九五～一九五六），精明能干且颇通文

全家福

墨，婆婆去世后襄助丈夫料理里外家务。孙德润去世后沈珍又一人独挑孙家大梁，将里里外外打理得井井有条。沈珍平日督促二女（孙彩霞、孙飞霞）一子课读，十分用心，是幼年木心的启蒙老师。一九五六年木心首次蒙冤入狱期间病逝于上海高桥。

开蒙与就学

孙家有自己的藏书楼，家人亦富有文化修养，家庭读书氛围浓厚。其中木心的外婆精通《周易》，祖母能给他讲《大乘五蕴论》，母亲则为他讲解《易经》和杜诗。少小的木心受到家人开蒙，已能感知传统文化的魅力。

一九三二年，木心虚龄六岁，进入乌镇东栅集贤坊小学就读。次年转入私立敦本初级小学。八岁时正式拜师学习中国传统水墨画。一九三五年，敦本初级小学并入植材小学，木心随往该校插入三年级就读。该校开设有经史、英文、数理化和体操等课程，校图书馆藏书丰赡，有《古今图书集成》《万有文库》《小学生文库》等珍贵图书。文学巨匠茅盾曾于一九〇七年至一九〇九年在此就读。此时的木心性格内向，个子瘦长，眉目清秀。在班上虽年龄最小，但聪明好学，常到图书馆借阅中外书籍。

一九三七年，抗日战争（简称抗战）全面爆发。十一月乌镇被日军占领，一度扎营于植材小学，学生则被遣散回家。孙家除了延续自家家教外还先后聘请了六位家庭教师，其中一人为前清举人，一人为东吴大学毕业生沈氏。木心不仅系统地阅读古文，还通过阅读课外书特别是大量外国名著，开阔了视野，培养了世界性的眼光。在这期间，木心在亲戚黄妙祥的帮助下向茅盾书屋借书，对其影响尤为深远。

日军侵占乌镇期间，木心曾多次跟随家人避居嘉兴、绍兴等地。逃难期间仍不废读书，写作亦初露锋芒，并有少量作品在湖州、嘉兴、上海等地发表。

要做知易行难的艺术家

一九四三年，十七岁的木心因向往丰富的人生经历，同时为了逃避家庭纠纷，“人生模仿艺术”，只身前往省城杭州报考国立杭州艺术专科学校（简称杭州艺专），迈出了他“美学的流亡”第一步。

木心到杭州后住在盐桥附近的蘋南书屋，日常生活由女佣料理，自己一心要做“知易行难的艺术家”。其间作印象派油画，到思澄堂随范牧师学钢琴，逛旧书店并大量购书，最嗜读的书是十九世纪英、法、德、俄等国文学家、音乐家、画家的传记。因过于追求西化，受到亲友的批评。一九四三年木心还在杭州举行了平生第一次个人画展。

一九四六年木心参加杭州元旦美展时与版画家杨可扬等合影

抗战胜利后，木心与沈罗凡、邵传发、徐宜诚在乌镇创办刊物《泡沫》，为八开油印物。他用笔名罗干发表文章，同时负责编写诗歌、散文，文字“幽美清雅，富于情致”。《泡沫》总共出了五期，因反对政府摊派国民捐款，被迫停刊。

此时杭州成立“美术工作者协会”，木心成为该会会员。杭州民众文化馆举行集体性画展，木心拿出几幅油画参展，受到好评，初步圆了童年以来萦心不释的画家梦。一九四六年元旦，木心又参加杭州元旦美展，与版画家杨可扬等人相往还。

负笈上海美专

木心一直在杭州等着报考杭州艺专，但该校迟迟未迁回。当上海美术专科学校（简称上海美专）率先复校并登报招生时，木心立即去信报名，于一九四六年一月以同等学力作为插班生考入该校三年制西洋画专修科一年级就读。该系上午一概是实习课，下午是理论课，教授有陈士文等。木心对上海美专兼容并包、学术自由的学风十分赞赏。

此时上海美专的学生运动异常活跃，木心作为上海美专学生会的骨干，和同学们画宣传画、演话剧、发传单、上街游行，积极参与其中。木心与那时的绝大多数革命青年一样，十分仰慕鲁迅，一九四六年十月十九日他与同学们参加了由中华全国文艺界协会等十二个文化团体于辣斐大戏院（后改名长城电影院，已拆除）联合举行的鲁迅逝世十周年纪念大会。十一月二十五日，为纪念鲁迅逝世十周年，木心又与夏子颐、王伯敏等冒险前往万国公墓瞻仰鲁迅墓。

一九四七年五月，“反饥饿、反内战、反迫害”运动爆发。此时担任上海美专学生会副主席的木心因积极参与学生运动，被国民党政府列入黑名单。一次为逃避特务追捕，跳窗跌伤了脚踝。

一九四八年六月五日，数十名便衣特务制造了震惊上海的上海美专“六·五血案”，大批学生受伤，学生会骨干吴树之等八人被殴成重伤并先后遭逮捕入狱。事发后木心参与上海美专党小组的营救活动。

据笔者查阅上海市档案馆资料得知，木心是在正式毕业前被学校勒令退学的。另据曾采访过木心的《南方人物周刊》记者李宗陶的说法，他是被当时的上海市市长吴国桢亲自下令开除了学籍。

被开除后的木心，返回杭州，转投到杭州艺专随林风眠学习绘画创作，时间虽然不长，但其绘画风格颇受林风眠的影响。

此外，木心在上海美专求学期间，时常往返于沪杭之间，与词学家夏承焘成为忘年交。两人的交往带有问学性质，谈词论艺，相互酬唱，木心晚年说自己因此而“野性稍戢”，可见夏承焘对其影响之显著而深远。

闯荡谋生

被上海美专开除后，木心在杭州待了没多久，即于一九四八年九月去了台湾。据沈罗凡所述，木心是以台南糖业中学美术老师的公开身份作掩护，受上海地下党委派前去完成一项秘密工作。木心在台湾前后只待了三个月，因母亲来信催促，一九四九年年初返回大陆，执教于省立杭州高级中学（简称省立杭高），待遇可观，深受学生爱戴。

其间木心与浙东游击纵队杭州联络站负责人之一的叶文西成立杭州绘画研究社，叶文西任社长，木心任副社长，并以此为掩护，继续从事地下党工作。五月至七月，参加了中国人民解放军第二十一军南下文工团。杭州解放后，木心随军南下温州，在军政治部文化部任干事，从事宣传工作。一九五〇年年初返回省立杭高任职，八月辞职，随后一直住在莫干山上其父留下的别墅中，一心读书、写作和画画。

一九五一年上半年在上海江湾闯荡谋生，做过医学挂图、舞台布景、临时代课等临时性工作，生活窘迫。是年秋起任教于上海浦东高桥育民中学，兼任美术和音乐教师，受到学生的喜爱和敬重。

改行工艺美术设计

一九五六年七月，木心首次蒙冤入狱，被关在思南路上的上海市第二看守所，关押期间被安排在监狱内分发图书。在这期间母亲沈珍忧郁而逝，时年不到六十岁。后经审查，木心在被关押半年后无罪释放，仅获得公安局的口头平反。

一九五七年，木心进入上海美术模型厂工作，主要从事展览会的设计。工作地点在浦西，每隔两周或节假日则回浦东与家人欢聚，常给外甥们讲中外文学和音乐。木心后来谈到自己退出文艺界改做工艺美术的原因，是因为身处洪流，他给自己的定位是“不太积极，也不太落后，尽量随大流，保全自己”。

一九五八年至一九五九年，木心多数时间待在北京。其中一九五八年秋、冬间，在北京参加第二届全国农业展览会的设计工作，该年又作为设计师带队留在北京参与十大建筑的室内设计，向国庆十周年献礼。一九五九年大半年都在北京参加第三届全国农业展览会的设计。在北京期间喜欢一个人逛天桥，去东安市场听曲艺，到东直门外和西直门外的小酒店喝酒抽烟聊天。国庆十周年庆典时，竟躲在家里偷学意识流写作，这是目前可知的木心从事意识流文学创作的最早时间。

此后二十余年，木心一直从业于工艺美术行业，其间岗位发生过几次变化。其中一九六三年至一九六五年在本单位先后从事外贸、广告等工作，一九六五年专事生产工艺竹帘画及毛泽东立体照片。年底，因业务精湛又被调到中苏友好大厦（现上海展览中心）任“技术革新、技术革命”展览会的总体设计。

噩梦

木心曾与音乐学家李梦熊、钢琴家金石等过从甚密，彼此切磋音乐，交流文艺，怡然自得。李梦熊还曾怂恿木心续写《红楼梦》，木心踌躇不定，最后决定放弃。“文化大革命”之初，木心尚未受到冲击，金石虽已应聘到沈阳音乐学院任钢琴教师，但每次回上海探亲，常会与老朋友木心等见面。金石曾同朋友提起，木心不仅对音乐很敏感，充满灵性，而且能动手作曲。

人有旦夕祸福，一九六六年冬孙彩霞惨遭抄家，家里的值钱物品，以及木心的数箱珍贵画作、藏书、文稿、乐谱、唱片等，连同二十二册（一说二十册）自定文集等被全部抄没。几天后，红卫兵又来继续搜查，他们让孙彩霞接受批斗，闹得家里不得安生。

一九六七年冬，大姐姐孙彩霞终于承受不住，心脏病复发去世。姐夫王济诚被关入学校的“牛棚”，外甥被批斗。

一九六八年七月至十二月，木心被上海静安公安分局关押，关押期间以默默地背书和唱歌来抵挡寂寞。被关押的原因是在清队运动中不肯向上海创新工艺品一厂（原上海美术模型厂）的造反派承认自己是地主出身，而坚持认为自己是学生出身。年底，静安公安分局对其进行宣判，戴上地主分子的帽子，回原单位监督劳动，管制两年。管制于一九七〇年七月撤销，但木心仍然没有人身自由。据木心自制年表显示，随后他反复处在“在厂隔离审查”“劳改”“隔离”之中。

情况最严重的一次当属一九七二年，厂组织将木心的材料上交静安公安分局，分局以“反对文化大革命”“反对样板戏”“攻击中央首长”等罪名将其打成“现行反革命”，管制三年。这一年的三月至六月被强制在本厂防空洞隔离长达四个月之久。

木心在精神和肉体上均备受摧残。他除了挨打受骂、被批斗，还干着全厂最低贱的脏活和累活。生活上也存在困难，工资被减半，穷极时只得将藏书拿到旧书店去卖，并接受亲友的资助。尽管如此，他整天强作笑脸，对任何人都点头哈腰。数十年后，当被问及“凭什么来执着生命，竟没有被毁，没有自戕”时，他说：“艺术家最初是选择家，他选择了艺术，却不等于艺术选择了他，所以必得具备殉难的精神。浩劫中多的是死殉者，那是可同情可尊敬的，而我选择的是‘生殉’——在绝望中求永生。”他是要以不死殉道。

地下创作

木心虽备受蹂躏，但他忍辱负重，始终没有放下文学、绘画和音乐的创作，而是向文学、绘画和音乐寻求排解与慰藉。早在二十世纪六十年代，木心就开始酝酿长篇散文《巴比伦语言学》的写作，打算融合诗歌、小说和评论于其中，字数要以百万计，可惜未能完成。七十年代初，木心曾在飞马牌香烟壳背面列出过一个写作目录，既包括未完成作品，也包括已写成的作品，计有十五种之多：

> 《和打猎一样》《凡仑街十五号》《进来，主角》《政治负数》《十字架的一半》《逻辑弥撒》《公共回忆录》《巴比伦语言学》《论批评精神》《蛋白质论》《单体对话录》《原始忏悔录》《魔术兴亡史》《田园诗关系》《现在我发言》

对照《联合文学》创刊号中木心自己提供的《木心著作一览》可知，这些作品中，像《凡仑街十五号》为收文一百篇的散文集，《蛋白质论》《十字架的一半》均为短诗集，《进来，主角》为剧本。以上这些作于一九四九年至一九六六年之

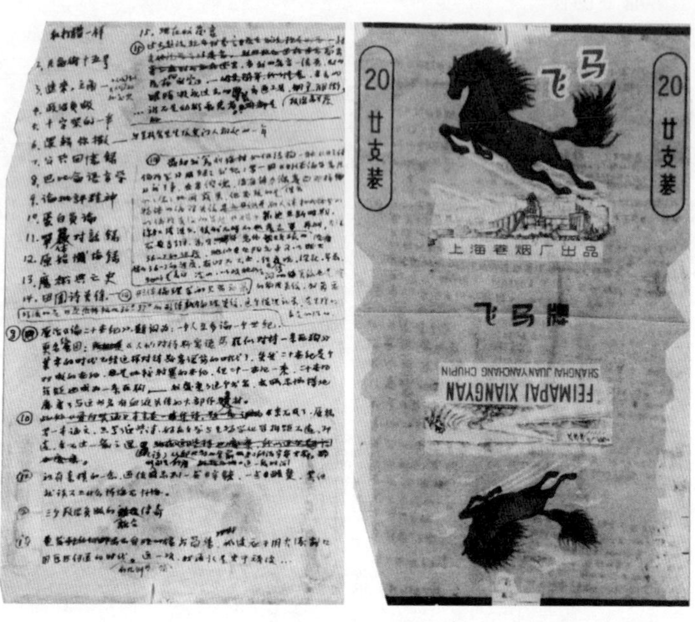

木心写于飞马牌香烟壳背面的作品目录及内容简介

间。其他应不乏“文化大革命”中的地下写作成果，作品是否存世，目前暂不得而知。

需要特别述及的是，一九七二年三月至六月间木心在防空洞隔离期间用写交代的纸和笔写出了一百三十二页《狱中手稿》，有六十五万字之多。他后来在接受采访时说这些手稿“并非就是一件文学作品，它也非书法绘画符码谶图，别的艺术以其‘是什么’而入品类，此手稿却以‘非什么’而取自立，它宁系属于视觉艺术的宽泛范畴，在既成的有定义的艺术门类中，似乎未有与之同性质的例子”。《狱中手稿》因其内涵的丰富性，一直为世人所关注。二十一世纪之初，木心在美国举行大型博物馆级全美巡回展，这些手稿即和绘画一同展出，引起了广泛的热议。

苦难之下，木心亦没有放弃绘画和音乐。一九六六年冬被抄家时，在被抄走的物品中就包括数箱画作和乐稿。直到“文化大革命”后期，虽仍处于被隔离审查之中，却不顾再次坐牢的危险，常常是半夜三更用毯子当窗帘，用他独创的画技和最便宜的颜料悄悄地画画。到了一九七六年二月，在其五十岁虚岁之际，偷偷从新近制作的百幅小尺幅转印画中，选出五十幅自编为《玉山嬴寒楼藏画集》。

木心一生钟情于音乐，少年时学过钢琴，中年时又当过音乐教师，亦会自己作曲。他说，“写到自己伤心的事，要发疯的。我苦中作乐，用写交代的纸作曲”。在木心现存的音乐手稿中，就有不少是创作于“文化大革命”时期。

复出

“文化大革命”中木心虽被打入另册，但因其学识渊博，气度不凡，有一小部分年轻人在私底下对其报以同情，并表示了自己的敬重。特别是到了一九七六年以后，木心与有限的几位文朋画友相继往来，尽管他们当时还不能理解他的画作，却多少给长期孤寂中的木心带去了一些关怀。时至一九七八年八月底，上海市手工业局原局长胡铁生复出，出任上海市计划委员会顾问。因建国三十周年大庆临近，胡铁生提议在上海举办一个庆祝建国三十周年工艺美术大展，此议获得时任上海市委副书记兼计划委员会主任陈锦华的首肯。随后胡铁生出任筹备委员会主任，在物色大展的总体设计人选时，筹备委员会办公室主任贺志英推荐了木心。当胡铁生约见木心后，为其才华与学识所折服，遂任命其为总体设计师。一九七九年九月二十五日，上海庆祝建国三十周年工艺美术大展在上海工业展览馆和中山公园成功举行。不久，胡铁生决定成立上海市工艺美术协会，自任理事长。木心因工作突出，再次被委任为秘书长，主持协会日常工作。上海工艺美术协会成立后不久，胡铁生又提出要创办会刊《美化生活》，因知木心文字功底深厚，遂委任其为《美化生活》试刊号主编。作为主编的木心虽不坐班，但负责查看校样，签发稿费单，对杂志的排版、摄影和文稿均有很高的要求。

在工作得到恢复的同时，木心绘画创作也逐渐步入正轨。一九七八年就有一位日本女画家来访，拟全部买下木心的画作回到日本举办画展。因提出条件，要木心把制画的方法告诉她，终未谈拢。一九八〇年四月，木心又应日本神奈川美术家协会之邀参加在横滨举行的第二十一届县展，六件水墨画作品获金奖，并被该会聘请为特邀资深会员，作品巡回展览于东京、巴黎等地。

散步散远了

早在一九四九年前后，上海美专教授陈士文就曾打算资助木心前往法国留学，后因时局剧变终未走成。到了八十年代初，随着国门的打开，出现了一股前所未有的留学热潮。木心在筹办《美化生活》试刊号的同时，也着手出国的准备。几经周折，虚龄已五十六岁的木心终于于一九八二年八月末以“绘画留学生”身份赴美，暂居纽约布鲁克林。初来乍到，生活和创作均举步维艰。起初，木心因转印画风格不易为美国中产阶级买家所识，以致屡次受挫。所幸到了当年冬天，木心改作彩墨画，作品即为收藏家王季迁所看重，并被部分收购，境况随之改善。

一九八三年春，木心又参加了日本第四十七回春季大展，以不透明水溶性颜料绘制的两件画作获“日本艺术新闻社赏”，并获美术家协会颁赠“特别颂”。与此同时，木心的画作因其成熟而特异的风格在纽约的华人艺术圈中引起波澜，其中尤以旅法艺术评论家陈英德、哈佛大学艺术史教授巫鸿和画家陈丹青的关注最为有力。陈英德为其撰写绘画评论予以推介，巫鸿和陈丹青更多的是为他举办画展，推荐画廊，使木心的绘画逐渐为评论界和市场所认可。

就在木心的绘画创作渐有起色之时，木心的文学才具也被陈英德夫妇所发觉。他们力劝木心恢复写作，回巴黎后不久就接到木心寄去的一叠稿件，后又将之寄给了当时主持台北《联合报》副刊的诗人痖弦，痖弦开始在其主编的《联合报》副刊上揭载。除了陈氏夫妇，旅美诗人王渝和林泠亦向痖弦推荐过木心。王渝更是于一九八三年十二月在其主编的《美洲华侨日报》文学副刊上刊登了木心自一九四九年以来发表的第一篇作品《街头三女人》。陈丹青也正是因为读到此文而主动与木心联系，从此结下深厚的师生之谊。此时木心在纽约艺术学生联盟就学。

成名期

纽约和台北的中文报纸是木心发表文学作品的主要园地，而在台北除了《联合报》连续发文，《中国时报》亦紧随其后陆续推出木心的文章。此时的台湾地区尚未解禁，文学刊物有限，在本地作者发表尚且困难的情况下，木心之作既受到了主要文学阵地高规格的礼遇，亦备受读者的注目和追捧。而紧随零篇之后集中推出的《联合文学》"作家专卷"和一系列作品集则刮起了一阵不小的"文学狂飙"。

据《联合文学》创刊号上的"木心著作一览"显示，在此创刊号推出之前，木心已在台湾地区公开发表散文、小说和诗歌二十九篇（首）。随着木心零散文章在台湾地区的持续发酵，痖弦敏锐地觉察到木心文学的非凡意义，于是借着创办《联合文学》杂志的契机，破天荒地在创刊号上隆重推出以"木心，一个文学的鲁滨逊"为题的"作家专卷"，于一九八四年十一月面世。该期因是创刊号，编者使出浑身解数，几乎将台湾地区文坛和整个海外华文界最顶尖级的作家招致麾下，其编创阵容可谓集一时之选。作者中有梁实秋、吴大猷这样的前辈，更多的是当时乃至后来享誉海外华文界的中坚，如余光中、琦君、夏志清、洛夫、郑愁予等。而该创刊号最引人注目的莫过于特设的"作家专卷"，全力以赴推介木心及其作品，所占页数为四十一页，占总页数的六分之一多。

一九八六年二月，台北洪范书店出版木心的第一本书《散文一集》。五月九日，由美国华语报《中报》副刊主编曹又方发起并主持的“木心的散文专题讨论会”在纽约举行。九月，洪范书店趁热又推出《琼美卡随想录》。随后圆神出版社、雄狮图书股份有限公司、元尊文化企业有限公司、翰音文化事业股份有限公司均看出木心的市场潜力，纷纷推出木心的文集。至一九九九年，台湾地区出版木心著作达十二种之多。而木心去世后的二〇一三年至二〇一五年印刻文学更是一口气推出《木心作品集》十五种十八册，将木心文学的传播推向了高潮。与此同时，加州大学教授童明将木心的小说列入“世界文学”课，受到学生欢迎。童明亦于一九九四年着手翻译木心的作品，并陆续发表。

与文学上的成名几乎同时，木心的绘画在美国亦声名鹊起。一九八四年六月，经陈丹青介绍，木心应邀于纽约林肯艺术中心国家画廊举办水墨画展，观众踊跃，佳评如潮，林肯艺术中心总监还作专文颂扬。同年十二月又于哈佛大学亚当斯学院举行题为“木心——思想的风景”彩墨画展及收藏仪式。此为木心出国后的第一次个展，获得美国美术界和各大艺术杂志异口同声的赞誉。从一九八四年到一九八八年木心几乎是以每

ADAMS HOUSE
HARVARD UNIVERSITY
CAMBRIDGE, MASS. 02138

Mr. Mu Xin
87-24 Midland Parkway, 2F
Jamaica Estates, NY 11432

ADAMS HOUSE
HARVARD UNIVERSITY
CAMBRIDGE, MASSASHUSETTS 02138

3 December 1984

Mr. Mu Xin
87-24 Midland Parkway
Jamaica Estates, NY 11432

Dear Mu Xin:

I am happy to invite you to Adams House from December 10 - 20 to present an exhibit of your painting. While you are at Adams House, we will provide you with accomodations and meals in the dining hall.

I very much look forward to meeting you and seeing your work.

Sincerely,

Robert Kiely

Robert Kiely
Master of Adams House

一九八四年哈佛大学发给木心的画展邀请函

年举办一次画展的频率亮相于美国画坛。到了二〇〇一年十月二日，由巫鸿和梦露策划，罗森科兰兹基金赞助的“木心的艺术——风景画与狱中杂记”大型博物馆级全美巡回展于耶鲁大学美术馆隆重开幕。展出的作品包括三十三幅风景画和《狱中手稿》，引来媒体竞相报道。此后历芝加哥、夏威夷、纽约数处巡回展览。巡展至二〇〇三年九月方才结束，三十三幅画作被罗森科兰兹基金收购后捐赠给了耶鲁大学美术馆永久收藏。

文学的远征

从一九八九年至一九九四年，持续五年，木心应旅居纽约的一批中国艺术家之请，主讲世界文学史课程。讲课内容大致参考二十世纪二十年代郑振铎编著的《文学大纲》，从希腊罗马神话开篇，囊括东西方文学经典。从一九八九年一月十五日开课，至一九九四年一月九日讲完最后一课，每年开讲九个月，每月两场，每场四个小时，前后九十多堂课。每位听课者轮流提供自家客厅，听众有画家、舞蹈家、艺术史家、雕刻家等。其中从一九九三年三月七日起，又应听课生再三恳请，木心又以九堂课的半数时间讲述自己的文学创作。讲座内容后根据陈丹青的听课笔记整理为《文学回忆录》和《木心谈木心：〈文学回忆录〉补遗》两书。

叶落归根

一九九五年一月，木心借回国之机独自一人回到阔别五十余年的乌镇，夜宿某小旅馆，次日即离开。不久他写成散文《乌镇》刊登于《中国时报》，有感于旧居的衰败，声言“不会再来”。时任乌镇古镇保护和旅游开发管委会主任的陈向宏在读过该文后通过作家王安忆找到陈丹青，又通过陈丹青与木心取得联系。陈向宏持续五年与木心保持书信往来，一面力邀其回乌镇安度晚年，一面立即着手孙氏旧居的修复。二〇〇五年四月木心有感于故乡的盛情，终于决定回乌镇安度晚年。该月十六日木心做归国前的准备，次年九月八日正式踏上归国航班，并于九月十一日由上海启程回乌镇，暂居于通安客栈。

木心回乌镇定居后，每天坚持创作至少八个小时。回国后的木心曾感慨道：“今日之乌镇非昔日之乌镇矣，一代新人给予我创作艺术的足够的空间，所以我回来了。”

从回国当年起，木心的著作陆续在大陆出版。从二〇〇六年一月广西师范大学出版社推出木心在大陆的第一本书《哥伦比亚的倒影》以来，出版社共整理出版木心文学作品集两套十四种，《木心画集》一种，以及《文学回忆录》和《木心谈木心：〈文学回忆录〉补遗》各一种。

随着木心作品的面世，越来越多的读者慕名前来乌镇拜会

回国定居后的木心，摄于乌镇

木心。此外木心亦见到不少亲戚、故交和曾经的同事，但大部分人还是被挡在了门外。

二〇〇九年秋，木心的身体出现明显而急骤的衰弱。同年十二月，木心接受美国独立电影制片导演弗朗西斯科·贝罗和蒂姆·斯丹伯格为其录制纪录片。

二〇一一年十月首次住院，随后病情持续恶化，于十二月二十一日凌晨三时病逝，享年八十四周岁。

文艺成就

木心的一生深受中国传统文化的浸淫，又自觉接受西方文化的洗礼，是一位深解东西方文化精髓，具有世界性美学特质的诗人、文学家、画家和音乐家。其文艺成就可大略从文学、绘画和音乐三个层面加以审视。

文学层面

作为诗人和文学家的木心一生以中文写作，创作生涯自十四岁时起，前后跨越达七十年之久。其文学作品不仅囊括散文、诗歌、小说、剧本、俳句、论文、对话录等多种文体，而且能将各种文体相融相佐，自出机杼，从而形成散文诗、诗散文、散文小说、评论性散文、哲学箴言等灵活多变的复合型文体。为此，他不仅被视为文学大家，还是一位名副其实的文体家。

木心最早是以散文家的身份广为人知的，其散文文体的独特性很早就引起了注意。木心散文形式多样，长短不一，却总能情理相融，意味深长。他不仅创造性地利用意识流手法创作散文，还敢于“打破传统意义上的散文的界限，在散文创作中融入诗、小说、评论诸多因素，使之成为一种崭新的文体”（陈子善语）。

木心最看重自己诗人的身份，其人本质上是哲学式的诗人。甚至有学者认为，木心最好的文学作品即是诗歌，就目前已出版的著作来看，创作量最大的也是诗歌。其诗无论古体、新体，皆技艺纯熟，意蕴丰赡。尤以新诗的创作最为用心用意，或以故实的手法抒情，或以感悟的过程叙事，形式各异，出东入西，到了挥洒自如的创作境界。

木心的短篇小说不多，但极具西方现代小说的特质。其小说突破了文体的界限，将诗歌和散文的手法消融其中，文字同时具有音乐性，别有一种“风”的笔致。木心的小说喜用第一人称叙事，看似自传体，其实是假口袋里装真东西，以虚为实，意义已不再是纯粹个人私事的叙述，而是由个体上升到对历史、人性、生命普遍问题的探讨。

木心还创作了大量短句，以俳句、嗻言、风言等形式分别收录于其散文集和诗集之中。这些短句既可追溯其源头至中国古代的散文小品和《圣经》箴言的启发，又变革式地接受了日本俳句的影响。从文体上而言，既是诗，又是散文，其实是箴言、小品、俳句的糅合冲兑，自成一格。

木心的文字常常使人耳目一新，直接地表现在其作品风格的多脉相承之上。美国加州大学教授童明指出“木心是以世界精神为体的中国作家”，“飞散”作家，“他的精神气脉既系于春秋、魏晋、汉唐的华夏文化，又源于古希腊的悲剧精神，而思维特征和艺术格调却又是西方现代派的，且与近三十年来最深思熟虑的西方人文思想（如结构哲学等）息息相关”。对此，中国人民大学教授孙郁称木心是“游走于世界的狂士”，“具有五四文人的古典文学修养，也深味西方艺术的流脉”，这使其作品呈现出鲜明而强烈的个性。

附：木心文学著作版本知见录

书名	出版社	出版年月	备注
哥伦比亚的倒影	广西师范大学出版社	二〇〇六年一月	散文集
琼美卡随想录	广西师范大学出版社	二〇〇六年六月	散文集
温莎墓园日记	广西师范大学出版社	二〇〇六年六月	短篇小说集
即兴判断	广西师范大学出版社	二〇〇六年九月	散文集
西班牙三棵树	广西师范大学出版社	二〇〇六年九月	诗集

续表

书名	出版社	出版年月	备注
素履之往	广西师范大学出版社	二〇〇七年一月	散文集
我纷纷的情欲	广西师范大学出版社	二〇〇七年一月	诗集
鱼丽之宴	广西师范大学出版社	二〇〇七年一月	对话集
巴珑	广西师范大学出版社	二〇〇八年九月	诗集
伪所罗门书	广西师范大学出版社	二〇〇八年九月	诗集
云雀叫了一整天	广西师范大学出版社	二〇〇八年十月	诗集
诗经演	广西师范大学出版社	二〇〇八年十月	诗集
爱默生家的恶客	广西师范大学出版社	二〇〇九年五月	散文集
木心诗选	广西师范大学出版社	二〇一五年九月	诗集
其他			
文学回忆录	广西师范大学出版社	二〇一三年一月	木心讲述 陈丹青笔录
木心谈木心： 《文学回忆录》 补遗	广西师范大学出版社	二〇一五年八月	木心讲述 陈丹青笔录

续表

书名	出版社	出版年月	备注
散文一集	洪范书店	一九八六年二月	散文集
琼美卡随想录	洪范书店	一九八六年九月	散文集
即兴判断	圆神出版社	一九八八年二月	散文集
温莎墓园	圆神出版社	一九八八年二月	短篇小说集
西班牙三棵树	圆神出版社	一九八八年二月	诗集

续表

书名	出版社	出版年月	备注
素履之往	雄狮图书股份有限公司	一九九三年六月	散文集
巴珑	元尊文化企业有限公司	一九九八年五月	诗集
会吾中	元尊文化企业有限公司	一九九八年五月	诗集
我纷纷的情欲	元尊文化企业有限公司	一九九八年五月	诗集
马拉格计画	翰音文化事业股份有限公司	一九九九年十月	散文集
同情中断录	翰音文化事业股份有限公司	一九九九年十月	散文集
鱼丽之宴	翰音文化事业股份有限公司	一九九九年十月	对话集
木心作品集（13种）	INK印刻文学	二〇一二年七月至十月	作品集
其他			
文学回忆录	INK印刻文学	二〇一三年十月	木心讲述 陈丹青笔录
木心谈木心：《文学回忆录》补遗	INK印刻文学	二〇一五年十一月	木心讲述 陈丹青笔录

续表

书名	出版社	出版年月	备注
An Empty Room	New Directions	二〇一一年五月	文集

绘画层面

作为画家的木心八岁开始习画，十七岁在杭州举办第一次个展，一九四六年考入上海美术专科学校，新中国成立后长时间从事工艺美术和展览会的设计，直至七十年代后期才恢复美术活动。一九八二年以“绘画留学生”身份赴美留学，从一九八四年起在美国举办各类画展，尤以二〇〇一年至二〇〇三年所举行的大型博物馆级全美巡回展在欧美艺术界引起巨大反响，《纽约时报》《华尔街日报》《美国艺术》等报刊纷纷做了报道。绘画作品为哈佛大学、耶鲁大学等机构收藏。目前已在国内外出版画集三种。

木心的绘画，其形式以抽象石版画、彩墨画和转印画为

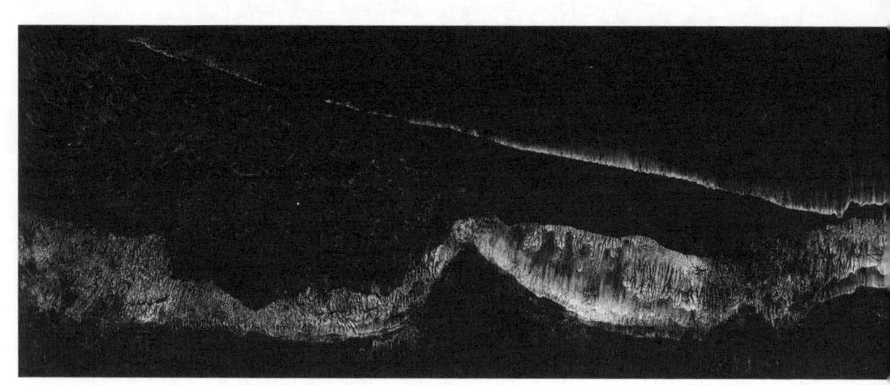

木心的转印画《战争前夜》

主。其抽象石版画集中作于一九八四年至一九八九年间，是其进入纯抽象绘画的实验性创作，数量有百余幅。因为这些画，他被纽约艺术学生联盟评为优秀学生。

其彩墨画是应用中国画的纸笔墨彩等素材画的作品，其中有人物画，更多的是风景画。因木心受过西洋画的专业训练，又对中国各种传统艺术都有涉猎，他的作品因此和中国旧式文人画家表现笔墨情致的山水画全然不同。正如陈英德所说，“木心不运用传统国画的笔法，仅保留了中国画的某种境界，甚至超过那境界。他试从现代西画中汲取新的表现技巧，并糅合了中国其他传统艺术给人的感觉，呈现了他内心独有的景观”。

木心最独特的要数转印画，又称拓印画。其制作方式是先在玻璃（或类似材质）上涂满水与色彩，再覆盖上画纸，翻转后，趁着纸面上的水渍未干，即兴演成各种图案、图式和图形。木心的转印画可分为两个时期，前期画于“文化大革命”末期，虽被解除了监禁，但仍然没有人身自由。后期画于已回到乌镇的一九九九年至二〇〇九年之间，总数逾两百幅。关于这类作品，耶鲁大学艺术史教授理查德·M.巴恩哈特曾说，“每一幅小小的画作竟能自成一个完整的世界，自成独立的体验，几乎可以说是一场独立的实验，自有其情境、节令、光线和氛围，独具艺术和表达意图，每一幅俨然一支独立的曲目，独具性格和完美的特质”。

音乐层面

木心从小就热爱音乐，他说：“我是一个人身上存在了三个人，一个是音乐家，一个是作家，还有一个是画家，后来画家和作家合谋把这个音乐家杀了。”其实木心并未彻底放弃音乐的创作，身后留下了多达五十六页的简谱乐稿，大致分为三类：一是零星的乐思记录，二是器乐片段及完整乐章，三是有词的歌曲。

在木心生前，就有音乐人数度联系木心，愿意协助他整理乐稿并予试奏，惜木心年迈体衰，终未如愿。二〇一〇年留美作曲家兼钢琴演奏家高平将木心诗作《我纷纷的情欲》《论快乐》《恋史》写成男低音和弦乐四重奏系列。二〇一四年高平又将《湖畔诗人》《旋律遗弃》《论拥抱》写了人声（包括高男高音）与钢琴伴奏的声乐套曲，分别在成都、北京、洛杉矶、伦敦、惠灵顿、南宁、乌镇演奏，成为将木心诗作谱曲配乐最早、最多的音乐家。二〇一五年二月十八日，木心诗作《从前慢》经青年音乐人刘胡轶谱曲，作为歌曲类节目登上二〇一五年央视春晚，由歌手刘欢演唱，小提琴家吕思清和钢琴家郎朗伴奏，引起巨大反响。

二〇一六年十二月二十一日，值木心逝世五周年之际，木心美术馆于乌镇大剧院举行《木心音乐首演》。此次音乐会由高平和上海音乐学院管弦系副教授陈卫平合作演出，其中包括木心原稿《未题》以及经高平编绎与再创作的钢琴曲《未题》、钢琴与大提琴曲《叙事曲一号》。此外，上海音乐学院青年教师谢亚双子也受托初步完成木心单首乐曲的编绎。

音乐学家牛陇菲在其《木心自度曲：谈木心遗乐及其整理改编》一文中指出："尽管木心未能掌握和声、对位、复调、配器等现代专业作曲技术，难以驾驭大型音乐结构，但他钢琴奏鸣曲一类器乐自度曲创作，远非一般业余爱乐者能够涉足。尤其他有关音乐的论说，言一般音乐学家所未言，发人深思，提要钩玄，开音乐史学新法门。”我们有理由相信，木心的音乐成就将随着其音乐作品的整理和演奏被越来越多的人所认知。

社会影响

台湾地区及海外

由于木心是在赴美留学以后开始恢复写作，其文学作品的发表和出版后来又主要集中于中国台湾地区，所以其文学最先在台湾地区及海外华人读者中产生了广泛的反响。正如《联合文学》创刊号编者在“作家专卷”的导言中所说，木心在岛内文坛“一出现，即以迥然绝尘、拒斥流俗的风格，引起广大读者强烈注目，人人争问：‘木心是谁？’”

经由《联合文学》创刊号的效应，木心在台湾地区文坛的地位首先得到了稳固。随后，木心的第一本书《散文一集》于一九八六年由洪范书店推出。纽约《中报》副刊为此还专门举办了“木心的散文专题讨论会”，第一次邀请旅美中国知名作家和评论家对木心的文学创作进行了专题研讨。洪范书店又于该年九月推出《琼美卡随想录》，圆神出版社不甘其后在一九八八年更是一口气推出木心的三本书《即兴判断》《温莎墓园》和《西班牙三棵树》。至此，八十年代的后半段木心在台湾地区共出版了包括散文、小说、诗歌等各类文体在内的书籍五种。可以说，木心文学在八十年代的台湾地区顺利地依托报纸、杂志和书籍三种主要的纸质媒介得到了充分传播。老牌文学评论杂志《文讯》社长兼总编辑封德屏曾指出：

> 台湾地区在一九八〇年代的时候，所谓的“世界华文”的概念还没有真正建立起来，当时就觉得是“海外”“华人”，很表面的，也很零散。但是在这样一个时候这样一个身在美国的作家的文字，他的文学观念、他的写作质量被放到《联合文学》创刊号上得到呈现，那个力量是不一样的，改变也就是从那个时候开始了。

这种“改变”首先表现在木心的突如其来“一扫过去台湾地区文坛、文学的沉闷感”（初安民语）。这种“沉闷感”的打破主要体现在台湾文坛对木心“迥然绝尘、拒斥流俗”风格的惊艳，《联合文学》创刊号的编者称之为“一阵袭来的文学狂飙”。时隔近三十年，印刻文学于二〇一三年之后隆重推出《木心作品集》十五种，以集大成的胸襟和气魄将木心文学的传播推向了高潮。

散文之外，木心的诗歌在台湾地区也越来越受到重视。当地诗人甚至自觉地接受木心的影响，有意识地借鉴木心诗歌创作的经验和手法。女诗人杨佳娴坦言她在写诗的时候，会受到木心那种“‘松’的语法的影响”。诗人、《创世纪》诗刊主编李进文也有相同的经历，他说木心诗作中“那种文字上的转折感，对写诗的人有时候会像是‘触媒’一样，让你觉得说，我在‘卡住’的地方，如果像他一样转个弯，也就解决了”。

大陆

木心在大陆的影响应该从二〇〇一年说起，其时陈子善在《上海文学》杂志上推出木心的《上海赋》，分别在当年的五、六、七月号上连载。这是大陆文学界第一次颇为隆重地介绍木心，也是木心第一次在大陆引起一定范围内的强烈反响。比如上海作家陈村声称自己读罢此文，“如遭雷击”。

二〇〇六年，木心回乡，同年广西师范大学出版社连续推出木心的五部作品集，阅读木心成为年度读书热点，读书界甚至将本年称为“木心年”。

二〇一一年木心病逝，《南方周末》、凤凰网等重要文化传媒均推出专题予以报道和追悼。其葬礼和追思会更是吸引了国内外数百名读者前来参加。

从二〇〇六年开始，有关木心著作的评论和研究同步展开，包括研究文集《读木心》（孙郁、李静主编）、《木心纪念专号：〈温故〉特辑》（刘瑞琳主编，二〇一六年开始改为《木心研究专号》）、《木心论》（李劼著）、《爱木心》（夏春锦主编）等相继面世；有关木心研究的论文相继发表；涉及木心的散文随笔和访谈散落各类报刊，不计其数。此外，杭州师范大学外国语学院于二〇一三年成立了木心研究中心，开展了一系列的学术研讨与交流，以及对木心著作的研究与翻译。

二〇一三年木心讲述、陈丹青笔录的《文学回忆录》出版，引发读书界和学术界的热议，当年荣获“乌镇·二〇一三中国年度新锐榜”颁发的年度图书奖。截至二〇一七年十二月初版已实现第十二次印刷。

二〇一四年五月二十五日，木心故居纪念馆对外开放。二〇一五年十一月十五日，木心美术馆举行开馆典礼，陈丹青出任馆长。截至二〇一七年三月，木心故居纪念馆的访问量高达三十万人次，木心美术馆的访问量则已突破十二万人次。而木心美术馆每年举办的年度特展，因其专业性、高端性和世界性，更是引发了广泛而深入的关注。

参考文献：

《木心作品八种》，木心著，广西师范大学出版社二〇〇九年一月版。

《木心作品二辑（五种）》，木心著，广西师范大学出版社二〇一三年五月第二版。

《文学回忆录》，木心讲述、陈丹青笔录，广西师范大学出版社二〇一三年一月版。

《木心谈木心：〈文学回忆录〉补遗》，木心讲述、陈丹青笔录，广西师范大学出版社二〇一五年八月版。

《木心纪念专号：〈温故〉特辑》，刘瑞琳主编，广西师范大学出版社二〇一三年二月版。

《木心逝世两周年纪念专号：〈温故〉特辑》，刘瑞琳主编，广西师范大学出版社二〇一四年二月版。

《木心逝世三周年纪念专号：〈温故〉特辑》，刘瑞琳主编，广西师范大学出版社二〇一五年二月版。

《木心研究专号（2016）：木心美术馆特辑》，木心作品编辑部编，广西师范大学出版社二〇一六年八月版。

《读木心》，孙郁、李静编，广西师范大学出版社二〇〇八年十月版。

《爱木心：〈梧桐影〉特辑》，夏春锦主编，山东画报出版社二〇一五年十一月版。

《木心先生编年事辑》，夏春锦编撰，未刊稿。

（此文删节稿收录《中国名镇志：乌镇志》“文坛双星”卷。“双星”者，茅盾、木心也。）

辑二　考释

木心笔名刍议

目前所知，木心的笔名共有十一个，分别是：吉光、高沙、裴定、马汗、桑夫、林思、司马不迁、赵元莘、杨蕊、罗干和木心。前九个见于一九八四年十一月出版的台北《联合文学》创刊号。该期特设围绕木心的“作家专卷”，其中在《木心著作一览》中列有木心本人提供的“一九四一年～一九八四年”所使用过的这九个笔名。至于木心用这些笔名都写了哪些文章则不得而知，有关它们的寓意也有待进一步查证和解读。

罗干是木心少年时代的笔名。抗战胜利后，木心与沈铃（笔名罗凡）、邵传发（笔名邵凡）、徐宜诚（笔名青戈）在乌镇创办油印刊物《泡沫》，共出了五期。木心负责编写诗歌、散文，用的就是罗干这个笔名。后来《泡沫》在乌镇被迫停刊，木心就将编辑工作带到了杭州，当时他正与叶文西在杭州创办业余艺术团体杭州绘画研究社，实为杭州中共地下党的一个联络点。新的《泡沫》上曾发表叶文西写的小说《夏衣》，主角就叫罗干，其原型即是木心。

目前有关木心名号的说法十分混乱，据笔者综合判断，木心原名孙璞，字玉山，又名孙仰中，亲友昵称阿中。四十年代中期到杭州、上海求学后更名为孙牧心。孙牧心成为木心使用时间最长的通用名，也是正式名。（按：媒体误认为木心字仰中，号牧心。）“木心”这个笔名即来自孙牧心，关于改名的原因，还有一番道理在其中：

> “牧”字太雅也太俗，况且意马心猿，牧不了。做过教师，学生都很好，就是不能使之再好上去：牧人牧己两无成，如能“木”了，倒也罢了。其实是取其笔画少，写起来方便。名字是个符号，最好不含什么意义，否则很累赘，往往成了讽刺。自作多情和自作无情都是可笑的。以后我还想改名。①

改“牧心”为“木心”，固然有“笔画少，写起来方便”之意，但说“最好不含什么意义”则是木心在访谈中“不老实”（木心曾反复强调写作、访谈不要太老实）的表现了。

其实关于“木心”这个笔名的寓意木心自己有过解释。据《文学回忆录》，一九八九年八月二十七日木心在给学生做“《诗经》续谈”讲座时提道：“古说‘木铎有心’，我的名字就是这里来。”[②]其实古书中并无“木铎有心”的成语，笔者多方查阅亦未能找到直接的出处。但他提醒我们木心之名显然与“木铎”这一传统器物有关，隐含着特殊的内涵。

汉代学者郑玄在给《周礼·天官·小宰》中的“徇以木铎”作注时说：“古者，将有新令，必奋木铎以警众，使明听也。”唐代学者贾公彦则对其材质和类型做了进一步的说明：“铎，皆以金为之，以木为舌则曰木铎，以金为舌则曰金铎也。”原来“木铎”就是铜质木舌的铃子，是官方在发布新的政令和宣扬教化时用来吸引注意力以便召集听众的响器。随着历史文化的积淀，木铎被附加了更多的象征意义。比如《论语·八佾》有云：“天下之无道也久矣，天将以夫子为木铎。”木铎又成了怀抱真理和匡扶天下的圣人。木心显然无心做圣人，这可从其在《文学回忆录》中毫不客气地数落“圣人”“伟人”孔子的基本态度中看得出来。木心首先中意的应该是木铎能吸引听众注意力的功用，这与一位艺术家企图用作品吸引观众的意愿是颇为契合的。

特别值得一提的是，木铎在先秦时期官方的采诗活动中发挥着重要的作用，这或许是“木心”之名所隐藏的深厚寓意之关目所在。许慎《说文解字·丌部》有云：“古之遒人以木铎记诗言。”在《汉书·食货志》中，史学家对此做了更为详细的描绘：

> 孟春之月，行人振木铎徇于路，以采诗，献之大师，比其音律，以闻于天子。故曰："王者不窥牖户而知天下。"

木心一生最得意的是诗人的身份，他对《诗经》更是推崇备至，认为"任何各国古典抒情诗都不及《诗经》"[③]。其在讲《诗经续谈》时也特意提到了采诗的传统：

> 《公羊传》说，男六十岁，女五十岁，无子嗣，官方令其去乡间采集诗，乡到城，城到县，县到国，向朝廷奏诗。[④]

这段叙述来源于《春秋公羊传注疏》（东汉何休解诂、唐徐彦疏）卷十六，原文是这样的：

> 男女有所怨恨，相从而歌。饥者歌其食，劳者歌其事。男年六十、女年五十无子者，官衣食之，使之民间求诗。乡移于邑，邑移于国，国以闻于天子。故王者不出牖户尽知天下所苦，不下堂而知四方十月事。

据唐代学者颜师古对《汉书·食货志》中所引该句的注释，这里的"采诗"是"采取怨刺之诗"。《汉书·礼乐志》

云："周道始缺，怨刺之诗起。"所谓"怨刺之诗"，乃脱胎于孔子"诗可以兴，可以观，可以群，可以怨"（《论语·阳货》）的诗教之说。"怨刺之诗"在《诗经》中占有三分之一篇幅，是《诗经》的主要题材之一。木心本人的创作就深受《诗经》传统的影响，他曾说道：

> 我自己的作品中，也用不同方式运用《诗经》，用时，既图不损其原味，又要推出新的境界和意思，明白告诉读者我在用《诗经》，但又要出自己意。⑤

无独有偶，木心对《楚辞》也是赞赏有加，直言"我也受《楚辞》影响"。而《楚辞》中的多数作品也是怨刺之作，这一点司马迁在《史记·屈原贾生列传》中已经看得很明白：

> 屈平正道直行，竭忠尽智以事其君，谗人间之，可谓穷矣。信而见疑，忠而被谤，能无怨乎？屈平之作《离骚》，盖自怨生也。《国风》好色而不淫，《小雅》怨诽而不乱。若《离骚》者，可谓兼之矣。上称帝喾，下道齐桓，中述汤、武，以刺世事。

怨刺诗最大的特征就是讽喻性和批判性，是诗人面对世道沦丧时自我排解心中忧郁的一个出口。木心的诗作中也存在不少带有怨刺色彩的诗作（拟诗经体的《诗经演》最为突出），如从此出发来审视木心的诗歌创作或许能够获得意外的启迪。

由此看来，“木心”这个笔名，是包含着木心本人深刻的寄托的。只怕其他笔名亦是如此。

注释：

①《海峡传声》，《鱼丽之宴》，木心著，广西师范大学出版社二〇〇九年一月版，第18页。

②《文学回忆录》，木心讲述、陈丹青笔录，广西师范大学出版社二〇一三年一月版，第139页。

③《文学回忆录》，木心讲述、陈丹青笔录，广西师范大学出版社二〇一三年一月版，第125页。

④《文学回忆录》，木心讲述、陈丹青笔录，广西师范大学出版社二〇一三年一月版，第139页。

⑤《文学回忆录》，木心讲述、陈丹青笔录，广西师范大学出版社二〇一三年一月版，第150页。

木心的一份『自制年表』

二〇一四年上半年，陈丹青布置木心故居纪念馆时，意外发现一份木心手书的年表。生平年表是纪念馆必须展示的资料，由木心先生自己回忆、亲笔书写的文本，价值不可替代。

年表共有两页，未注明书写年份，显然是木心先生在纽约生活期间，根据他前半生的回忆所写，故题曰“中国岁月”。现在这份年表复印件陈列在故居纪念馆第一间展室，即“生平馆”中。为便于参观者辨读，手稿下方还配着电子打印稿。

木心先生的记述方式，扼要而清晰，以阿拉伯数字顺序排列了自一九二七年在乌镇出生，到一九八二年离开中国的完整履历。履历的内容分为四项，分别是时间、地点、年龄和处境。

时间，以年月为排序，偶有不确定处，则以季节代。地点，出现以下九处地名：乌镇、绍兴、嘉兴、杭州、上海、台湾、温州、莫干山、北京。这九处地

中国岁月

1927年-1935年	乌镇	9岁	
1936年	绍兴	10岁	
1938年	嘉兴	12岁	
1943年	乌镇	16岁	
1943年秋	嘉兴	〃	
1944年春	杭州	17岁	
1945年初-48年夏	上海	19岁-21岁	美专
1948年秋	台湾		
1949年初	杭州	23岁	金沙港
1949年5月-7月	文工团	〃	温州
1950年初-8月	杭州	24岁	省立杭高
1950年夏-冬	莫干山	〃	
1951年初-8月	上海	25岁	江湾
1951年秋-1956年7月	上海	30岁	高桥育民中学
1956年7月-12月	〃	〃	第二看守所
1957年初-12月	〃		设计展览会
1958年秋-冬	北京	32岁	全国农展
1959年春-秋	〃	33岁	全国工农展
1960年-1962年	上海	36岁	美术模型厂
1963年-1965年	〃	39岁	广告公司
1966年-1968年		40-42岁	模型厂
1968年7月-12月	〃	〃	静安分局
1969年1月-1970年7月	〃	44岁	在厂劳改
1970年8月-11月		〃	在厂隔离审查
1970年12月-71年9月		45岁	在地[illegible]厂〃
1971年10月-72年2月	上海	46岁	在绣品厂隔离
1972年3月-72年6月	〃		在本厂防空洞隔离
1972年6月-1979年底	〃	53岁	在本厂劳改
1980年初-81年秋	〃	56岁	工艺美术展览会
1981年-1982年7月	〃	57岁	工艺美术协会

1982年8月下旬离开中国

木心手写的“自制年表”

点，正是木心在国内时期的文学空间与文学地图。《夏明珠》《寿衣》《童年随之而去》等篇的故事与现场，显然就是以乌镇为地域背景的，《上海赋》则被认为是描摹老上海风情的经典篇章。

年表中标示的年龄，大致取用虚岁，但有两处用了周岁，三处则出现笔误。两处周岁，分别是一九四三年和一九四四年，分别标为十六岁和十七岁，如果是虚岁，应是十七岁和十八岁。有误的三处，分别是一九六八年、一九八一年和一九八二年，分别标为四十三岁、五十六岁和五十七岁，均比虚岁增添一年。

最后一项是处境，其中除了从出生到一九四四年“春”、一九四八年“秋”和一九五〇年“夏”“冬”未作表述外，其他年份均有。处境的内容，一是学习、工作和任职的单位，如“美专”“高桥育民中学”“模型厂”“全国农展”等；二是居住的地点，如“金沙港”；三是被囚禁的地点和人身自由状态，如“第二看守所”“静安（公安）分局”“在地毯厂审查”“在本厂防空洞隔离”“在本厂劳改”等。这些词语，直接勾勒出木心在大陆期间的政治环境和个人遭遇，虽用字俭省，一笔带过，文字背后，却分明透露木心先生若干不为人知，或至今难以确认的经历。而这类记述均详细准确地注明了年月与地点，更由木心先生本人所写，因此，对研究木心先生的人生际遇，具有不容置疑的真实度。

在纽约的世界文学史讲席中，木心先生也往往先介绍一位作家或诗人的生平际遇，而后论及作品，可见他对所谓“知人论世”，深以为然。如他讲到伏尔泰生平，点出伏尔泰曾两次入狱，并据此议论：“我以为这都是因祸得福。扩大说，文学家、艺术家、思想家，都是因祸得福的人，不过闯祸别闯到死掉。”这不是他的夫子自道吗，看似俏皮，实则隐藏着过来人的沉痛和感悟。

木心出国前的人生经历，读者、论者，至今所知甚少，已知的零星故事，或者不确实，或者不确定。随着读者对木心作品逐渐深入的探究，对其传奇的一生自然也会产生深度了解的欲望。这既是出于同情心与好奇心，也是理所固然，因为，理解的深度与广度，离不开对作者生平的了解，准确翔实的资料，于是成为首要的条件。事实上，木心一生际遇与他的作品，尤其是与他内心历程的关系，比一般文学家来得更加紧密、幽邃、深沉。因此，这份木心自制的年表，显得弥足珍贵。

（此文经陈丹青先生修改，特此致谢。）

木心的写作『成名期』

木心生前曾数次在接受采访时谈到自己的所谓写作“成名期”，主要是指其于一九八三年恢复写作后作品即于第二年被介绍到中国台湾并开始形成一股颇具影响的“木心热”，其文名逐渐为大众所知。至一九八六年第一本书《散文一集》出版，其文学实绩不仅聚拢了一批读者，还受到了台湾地区文学界（包括作家、诗人和学者）的普遍认可。

恢复写作前后

木心的一生都在写作，但后来由于客观环境的限制，其写作自觉地转入地下，成为一种极为私密的纯粹个人行为。极致的表现是《狱中手稿》，木心就一直不希望被解读。因为此手稿他完全是在为自己而写，是个人遭遇困境时排解苦闷、疑惑的一种内心独白，不求旁人介入做过度的臆测。

这里的所谓“恢复”是相对而言的，是指写作回到一种公开的行为，作者创作时心中有读者，期待发表，等待反响。就这个意义而言，木心恢复写作的时间是在一九八三年，并于该年十二月在纽约由旅美诗人王渝任主编的《美洲华侨日报》文学副刊公开发表自一九四九年以来的第一篇作品《街头三女人》（散文）。就目前可知，木心写于一九八三年的作品还有散文《七克》《在日本的第一次讲演》《林肯中心的鼓声》和小说《一车十八人》等。其中《街头三女人》在《美洲华侨日报》发表后被陈丹青意外读到，从此两人“密集交往，剧谈痛聊”，结下了深厚的情谊。

木心恢复写作的契机十分偶然，话要从其结识旅法画家陈英德说起。一九八三年夏天，当时在纽约的陈英德与另一位旅美画家姚庆章等几位朋友相约到林肯中心附近去看望从大陆到美不满一年的木心。木心的绘画作品当时在画家们的印象里有着“成熟的特异的风格”，在他们眼里木心是上海“极少数韬光养晦苦心孤诣的画家”，而对木心的文学才华则一无所知。

初次见面，无论是木心的为人还是他的画作都给陈英德留下了特别的印象。不久陈英德就为木心的绘画撰写评论《看木心的超自然风景画》（一九八三年九月十六日写成），发表于台北《艺术家》杂志，此为木心留美后美术界对其绘画的第一篇正式评论。据陈英德自述，他在写该文时曾要求木心帮助提

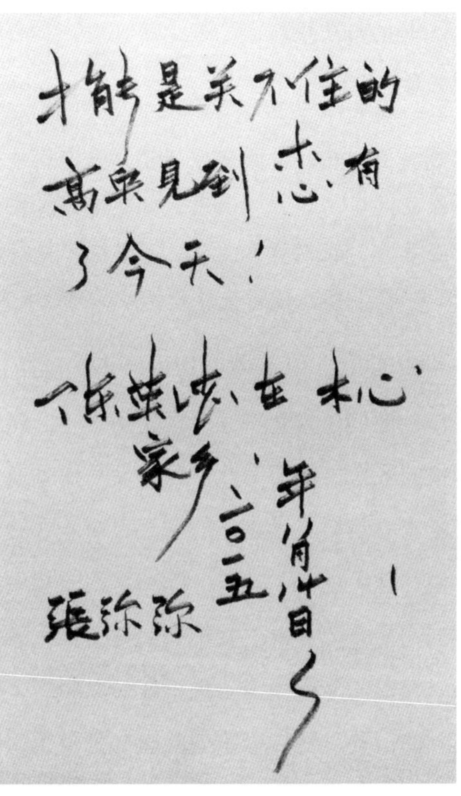

才能是关不住的
高興見到志有
了今天！
陳英德 在 家鄉
張彌彌 二〇一五 年 月 廿日

陈英德、张弥弥夫妇给笔者的留言

供一点书面资料。就在木心随意写成的片段中，陈英德惊见木心文笔超凡，于是力劝其写作。关于这一点，木心后来在一次访谈中就曾忆及：

> 那时我的画已经被收藏家买了，生活比较稳定。有一次他们专程拜访，说，今天来，就是请你答应，你还得写作，专心写作，我们帮你推介。不答应不走。我答应了。送走他们，我上楼，摊开纸就开始写，然后寄给他们。①

从以上可以看出，早在他们初识后不久陈英德夫妇就开始劝木心写作，他们还为此特意专程拜访木心。显然他们的劝说产生了积极的效果，木心为此重新焕发写作激情。陈氏夫妇的鼓动促发了木心重拾文学创作的信心，而木心的作品被介绍到台湾地区也与陈英德有关。就在陈英德回巴黎后不久，他就接到木心寄去的一叠稿件。“我把它们寄给痖弦。痖弦热烈的反应让我高兴自己的文学嗅觉。痖弦在‘联副’（按：《联合报》文学副刊的简称）陆续以重要的版面刊登了那些文章，海内外呼声随即四起。就这样，我所认识的‘画家’木心，成了众人瞩目的‘文学家’木心。”②陈英德夫妇对木心的推介，对木心恢复写作起到了决定性的影响，令木心一直铭感于心，多次称赞他们为“天使”。

痖弦是台湾地区著名诗人，一九七七年十月起担任台北《联合报》副刊主编，其很多举动都能给台湾地区文坛带来不小的震动。除了陈英德向痖弦推荐过木心外，王渝也曾建议木心投稿给痖弦。她的理由是："我向他保证：他的作品正是痖弦在等待着的。……纽约的华人读者到底太少，我为木心的作品感到委屈，希望更多人读到。当时的情况下，只有选择台湾了。"③

一九八四年四月，《大西洋赌城之夜》在"联副"登出，这是年近花甲的木心在台湾地区发表的第一篇文章。紧跟《联合报》之后，因了杨泽的推介，台北《中国时报》也开始陆续刊登木心作品。杨泽与木心经张宏图介绍相识于一九八三年八九月间，当时是《中国时报》海外版的记者和编辑，在木心恢复写作后，他也主动将木心的文章推荐给台北《中国时报》"人间副刊"的编辑、作家刘克襄。至此，木心开辟了纽约之外的又一处文学园地，其文学在台湾地区扎根，持续发酵至今达三十年之久。

但似乎痖弦与木心之间的沟通来得更为自然而顺畅。一九八四年木心写成《九月初九》，起初投《中国时报》，居然一年未发表。木心无奈之下只好要求退稿，编辑给的答复是文章里的观点有不对之处。随后转寄痖弦，《联合报》马上发出。痖弦和木心一直频繁通信，据陈丹青说他见过痖弦给木心的信，木心还直夸痖弦的字写得很不错。

那个年代，台湾地区尚未解禁，文学刊物有限，在本地作者发表尚且困难的情况下，木心作品却频频见报就显得特别引人注目。如今已是台湾地区中生代代表诗人的陈克华对此有过一番描述：

> 木心一出来出手就那么高，我们从他身上看不出一个作者的所谓“正常历程”。那个年代，在解严之前，两大报的副刊简直就是文坛的一个缩影，当时你的文章如果能在联副或者《中时》发表那么一小块（版面），都是不得了的事情，表示你已经敲开了文坛的大门。可木心从来都是那么一大块（版面），表示他几乎已经坐上那个宝座了。那时候我们都羡慕死了，木心永远都是主角。所以我们那个时代的文学青年，都觉得木心很了不起，他能写出那些东西。他要读多少书，走过多少地方，有多少的历练，才能写出这样的文字。他好像设置了一个高度，文学上的，也是人格上的，让我们试试看，你要不要写作，你能不能超越。④

正是基于以上认识，“索寻、追读《联合报》副刊上的木心文字成了陈克华‘文学功课’中的必要一项”⑤。可以说，木心的文章初到台湾地区就受到了主要文学阵地高规格的礼遇，并受到读者的追捧，而紧随零篇之后集中推出的《联合文学》木心专卷和一系列书籍则给台湾地区文坛留下了“深切记忆与持久的影响”（刘道一语）。

《联合文学》创刊号推出“作家专卷”

据《联合文学》创刊号上的“木心著作一览”显示，在此创刊号推出之前，木心已在台湾地区公开发表散文、小说和诗歌二十九篇（首），发表的刊物主要集中于《联合报》和《中国时报》两家。随着木心零散文章在台湾地区的持续发酵，痖弦敏锐地觉察到木心文学的非凡意义，于是借着创办《联合文学》杂志的契机，破格在创刊号上隆重推出了围绕木心一人的“作家专卷”。

《联合文学》由《联合报》报系投资创办，木心作为其铁杆作者，在接到稿约之后即热情应对，颇下了一番功夫：

> 区区自费留学生，每周至少三天要去学院进修，而在此时期日常撰文脱稿即发，以应纽约各报之约，实在没有库存可提，《联合文学》创刊号出版的日期已公布了，我连声说“有困难”也是多余的，所以我一口答应：好，准时寄到。

《联合文学》创刊号封面

> 时维孟夏，寓处闷热，蓬头跣足，束紧腰带，这是一场恶战，“自”与“己”战，战赢了才好与“世”战。
>
> 不堪回首而实堪回味的那些朝朝暮暮，单间小房，下临大街，嚣嘈不舍昼夜，一条支路直冲我的窗子，风水是极凶的，我望之只作‘前程远大’观，阵阵熏风中，我埋头疾书——《明天不散步了》，《恒河·莲花·姊妹》，《遗狂篇》，《哥伦比亚的倒影》……上学院签个名，躲进图书室，写，来回的地铁中，写，噢，过头三站了。⑥

从以上文字可见木心的认真投入，亦可见他的得意忘我。“不堪回首而实堪回味”是木心全面恢复写作时创作激情的一次井喷后的心迹表露，其中甘苦，冷暖自知。四十余载的蜷缩在一朝舒展，这对于逐步迈入老境的作家来说无疑是创作生命的又一次喷薄而出。

终于，一九八四年十一月台北《联合文学》创刊号问世。该刊首先夺人眼球的是其强大的编创阵容。刊物由痖弦亲任社长兼总编辑，台静农扉页题字，编辑委员达二十一人，其中包括在华文界耳熟能详的梁实秋、白先勇、林文月、余英时、李欧梵、夏志清、陈映真、刘绍铭等。该期因是创刊号，质量高低直接决定着刊物今后的命运，所以编者使出浑身解数，几乎将台湾地区文坛和整个海外华文界最顶尖级的作家招致麾下，其编创阵容可谓集一时之选。

该创刊号引人注目的，还有就是特设的“作家专卷”，全力以赴推介木心及其作品。专卷总题为《木心，一个文学的鲁滨逊》，其中刊出《木心答客问》《木心小传》《木心著作一览》及陈英德《也是画家木心》一文。“木心散文个展”中发表散文四篇：《明天不散步了》《恒河·莲花·姊妹》《遗狂篇》和《哥伦比亚的倒影》。所占页数为四十一页，占总页数的六分之一多。关于设置此专卷的初衷，编者在导言中做了交代：

> 经由联副，木心在文坛一出现，即以迥然绝尘、拒斥流俗的风格，引起广大读者强烈注目，人人争问：“木心是谁？”为这一阵袭来的文学狂飙感到好奇。身逢动乱，木心的经历不平凡，成就也不平凡。在极为特殊的情况下，他始终坚持自我的生活理念、文学立场，像在一座孤岛上一样，不间断地从事创作。因此，所谓“文学鲁滨逊”之说，实深含傲然雄视之情。面对这样一位作家，《联合文学》满怀惊喜。……⑦

导言首先点明木心的独特在于他“迥然绝尘、拒斥流俗的风格”，说得更具体些就是“身逢动乱，木心的经历不平凡，成就也不平凡。在极为特殊的情况下，他始终坚持自我的

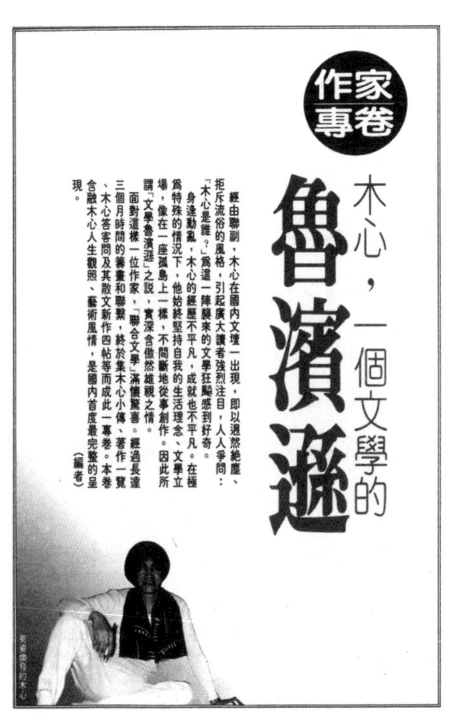

作家專卷

木心，一個文學的魯濱遜

經由聯副，木心在國內文壇一出現，即以迥然絕塵、拒斥流俗的風格，引起廣大讀者強烈注目，人人爭問：「木心是誰？」爲這一陣襲來的文學狂飇感到好奇。

身逢動亂，木心的經歷不平凡，成就也不平凡。在極爲特殊的情況下，他始終堅持自我的生活理念、文學立場，像在一座孤島上一樣，不間斷地從事創作。因此所謂「文學魯濱遜」之說，實深含傲然雄視之情。

面對這樣一位作家，「聯合文學」滿懷驚喜。經過長達三個月時間的籌畫和聯繫，終於集木心小傳、著作一覽、木心答客問及其散文新作四帖等而成此一專卷。本卷含融木心人生觀照、藝術風情，是國內首度最完整的呈現。

（編者）

《联合文学》创刊号中的“作家专卷”首页

生活理念、文学立场，像在一座孤岛上一样，不间断地从事创作”。这就是“文学鲁滨逊”称谓的涵义之所在，既指出了木心人生际遇的坎坷与丰厚，又由此直接导向木心文学成就的特异和丰实，同时也表达了编者对这位作家始终坚持自我创作立场的钦佩之情。

其他内容的设置也别有深意，《木心答客问》日后收录《鱼丽之宴》（广西师范大学出版社版），改题为“海峡传声：答台北《联合文学》编者问”，所问所答都是对木心文学道路和理念的探讨，这对读者进一步了解木心文学及其心路历程大有裨益。《木心小传》侧重木心绘画履历和成就的提醒，而陈英德的《也是画家木心》以图文并茂的形式更为直接深入地向读者介绍木心在文学之外的艺术涵养。陈英德此文是应痖弦之约而写，痖弦的用意是要让读者知道木心也是一位出色的画家。《木心著作一览》则侧重对木心文学创作成绩的展示，分两个时间段，一九四九年至一九六六年、一九八三年十二月至一九八四年八月。各自又按文体分类排列，一九四九年至一九六六年部分列有论文四篇、小说九篇、散文一篇、诗四首、剧本一个、旧体诗词一部，共计二十种。一九八三年十二月至一九八四年八月部分列有散文三十一篇、小说六篇、诗三首（其一为俳句九十九），共计四十一种，分别发表于

《联合报》《中国时报》和纽约各报。最后列出一九四一年至一九八四年所用笔名九个。

从这些内容的设置中可见编者的良苦用心，他们对木心的推介不遗余力又细致周到，使木心的每一次出场都足以艳惊四座。

作品在台湾的反响

《联合文学》创刊号中以木心为中心的“作家专卷”一经推出，就在岛内文坛引起了不小的反响。台北老牌文学评论杂志《文讯》社长兼总编辑封德屏对此有过概括性的描述：

> 台湾地区在二十世纪八十年代的时候，所谓的“世界华文”的概念还没有真正建立起来，当时就觉得是“海外”“华人”，很表面的，也很零散。但是在这样一个时候这样一个身在美国的作家的文字，他的文学观念、他的写作质量被放到《联合文学》创刊号上得到呈现，那个力量是不一样的，改变也就是从那个时候开始了。⑧

就如刘道一所说，经由《联合文学》创刊号的效应，木心在台湾地区文坛的地位首先得到了稳固。紧随《联合文学》之后，木心的第一本书《散文一集》于一九八六年二月由洪范书店推出。纽约《中报》“东西风”副刊为此还专门围绕此书举办了“木心的散文专题讨论会”，第一次邀请海峡两岸的知名作家和评论家对木心的文学创作进行了专题研讨。其后洪范书店又于该年九月推出《琼美卡随想录》，圆神出版社不甘其后在一九八八年更是一口气推出木心的三本书《即兴判断》《温莎墓园》和《西班牙三棵树》。至此，八十年代的后半段木心在台湾地区共出版了包括散文、小说、诗歌等各类文体在内的书籍五种。可以说，木心文学在八十年代的台湾地区顺利地依托报纸、杂志和书籍三种主要的纸质媒介得到了广泛传播，如封德屏所说的“改变”就这样悄无声息地开始了。

这种“改变”首先表现在木心的突如其来“一扫过去台湾地区文坛、文学的沉闷感”[⑨]（初安民语）。这种“沉闷感”的打破主要体现在台湾文坛对木心“迥然绝尘、拒斥流俗的风格”的惊艳，为此才出现了人人争问“木心是谁”的骚动。最早，《联合文学》创刊号的编者称之为是“一阵袭来的文学狂飙”。而时隔近三十年，曾继痖弦之后于九十年代出任《联合文学》总编辑的初安民，于二〇一三年主持其一手创办的《印刻文学·生活志》隆重推出《木心作品集》十三卷，以集大成的胸襟和气魄将木心文学的传播推向了高潮。编者在这套丛书的卷首仍津津乐道于八十年代木心给台湾地区文坛带来的最初反响：

> 木心的文章总是空袭式的，上世纪八十年代他的《琼美卡随想录》《即兴判断》《温莎墓园》……曾那样空袭过台湾地区不同世代即使是最挑剔的读者。一如叶公好龙，神龙骤临，让我们惊骇、感激、困惑、羞惭……像举手遮眉抬头望向天际，这些穿透二十世纪的文明幻灭或艺术心灵堕坏的灰色长空，如自在飞花，却又如旋风如光焰爆炸的诗句，究竟从何而来？我们阅读木心，他的散文、小说、诗、俳句、札记，如织如梭，难免被他那不可思议广阔的心灵幅展而战栗。我们为其全景自由的洞见而激动而艳羡，为其风骨仪态而拜倒而自愧。[10]

其实，从《联合文学》创刊号特设“木心散文个展”到第一本书即是《散文一集》，可见木心最早是以散文家身份为台湾地区文坛所接受和认可。杨泽就说“木心对我们来说，首先就是一个散文家”，诗人鸿鸿更是称赞木心为“中文世界最好的散文家”。

旅美作家郭松棻对木心散文的认识显得更为深入，他一九八六年在“木心的散文专题讨论会”上就对木心的散文特质发表过精到的见解，指出了木心散文的与众不同之处。他认为木心是一位“苦中作乐的作家”，面对再苦再惨的事情总是一笑而过，已退为完全超脱的旁观者。其散文成功的关键在于贯穿其中的“彼岸性”。所谓“彼岸性”，源自木心“一个非常独特的素养”，即“有形上的生活”。他能在冥想沉思中“远远地达到了‘彼岸’”，“但是他在落笔的时候，却又不给我们带来太多的彼岸消息，而调弄的却是‘此岸’零零星星琐琐碎碎的题材”⑪。对此他详细对照了两个方面的表现：一方面，“中国的散文家他们都只是从‘此岸’看‘彼岸’，因此他们的笔调，或者心情，总是向往的，感叹的，赞仰的，觉得那么多灿烂多美丽。……而木心相反，他着笔轻淡，但言外之意始终在观念的异域中怦怦叩动”⑫。另一方面，“中国的很多散文家，写的都是情理中的事，看了这句，读者就可以预计下面要讲什么了。而木心的背后有一个‘知性’，或者推动着他，或者衡定着他，所以他不写情理之常的事，而不时给我们意料之外的东西。这样，他的写法和别人的写法，就河水井水判然而分了”⑬。这两种散文创作的特质，何止有别于台湾地区散文家，亦是绝大多数华人散文家所集体缺失的。正因为木心散文中的诸多特质迥异于同时期的散文家，所以专事散文研究的郑明娳在其散文研究专著《现代散文纵横论》一书中，对木心散文进行了专门论述，她最终得出了这样的结论：

木心的散文，确然有它不可多得的优点。这种以知性、智慧以及生命来建构的心血结晶，必不容易登上销售排行榜的名次，也不容易进入年度选集中。因为大部分读者没有耐心及精力来细读理解这类厚重、凝练的知性作品。然而，就现代散文的发展而言，这样的散文实在是值得开拓的一种类型，值得作者去努力耕耘，也值得读者去细心再三品味。⑭

在郑明娳看来，木心散文已然成为一种“值得开拓”的“类型”。这也正是为何郑明娳会将木心与陆蠡、琦君、余光中、林耀德作为现代散文家的代表并列分论的原因所在。但很可惜，木心的风格无法被简单复制，在散文领域至今还未听说有谁因为模仿木心而立足文坛。木心仍然是一枝独秀，迥然绝尘。

散文之外，木心的诗歌也越来越受到重视。台湾地区诗人甚至自觉地接受木心的影响，有意识地借鉴木心诗歌创作的经验和手法。女诗人杨佳娴在谈到木心诗歌时就指出，其诗句虽然看起来很散文化，但它跟散文的那种带有很强烈的因果关系的句子还是很不一样。继而坦言自己“后来几年在写诗的时候，会受到木心这种‘松’的语法的影响。读他的诗，我会默念那些句子，去寻找他的方式，好像在和他对话”⑮。诗人、《创世纪》诗刊主编李进文也有相同的经历，他说自己写作时语感有时候非常匮乏，这个时候就会到书架上把木心的作品抽出来，读上一段。“他每一次出来，那种文字上的转折感，对写诗的人有时候会像是‘触媒’一样，让你觉得说，我在‘卡住’的地方，如果像他一样转个弯，也就解决了。”[16]诗人陈克华更是惊叹“他对我的影响是那么的早，早已经融入我创作的软体”[17]。

作为诗人的鸿鸿也是对木心诗歌推崇备至的代表，他一九九四年在编《八十二年诗选》时就从《中国时报》上选录了木心的《肉体是一部圣经——仿古情诗》，特别在“编者按语”中强调“这是全年最深刻、因而也最美的一首情诗”[18]。在鸿鸿看来，木心诗歌中“那种慢的时间感和细部观察的剖析感，都有不同于台湾地区的诗歌传统所给出的阅读体验”，进而比较道：“跟大陆不管哪一个时代的写作都有非常大的差异，跟台湾地区的整个文学传统更好像是处在两个完全不同的世界”[19]。这种“不同”正好给木心对台湾地区文学品质的补充留出了空间，亦为他日后闪亮登陆埋下了伏笔。

注释：

①李宗陶：《木心：我是绍兴希腊人》，《南方人物周刊》二〇〇六年第26期。

②陈英德：《也是画家木心》，《联合文学》创刊号，一九八四年十一月一日，第61页。

③王渝：《木心印象》，《木心纪念专号：〈温故〉特辑》，刘瑞琳主编，广西师范大学出版社二〇一三年二月版，第133页。

④⑤刘道一辑录：《文学往事》，《木心逝世两周年纪念专号：〈温故〉特辑》，刘瑞琳主编，广西师范大学出版社二〇一四年二月版，第142页。

⑥《迟迟告白》，《鱼丽之宴》，木心著，广西师范大学出版社二〇〇九年一月版，第85页。

⑦《联合文学》创刊号，一九八四年十一月一日，第47页。

⑧刘道一辑录：《文学往事》，《木心逝世两周年纪念专号：〈温故〉特辑》，刘瑞琳主编，广西师范大学出版社二〇一四年二月版，第145页。

⑨⑩刘道一辑录：《文学往事》，《木心逝世两周年纪念专号：〈温故〉特辑》，刘瑞琳主编，广西师范大学出版社二〇一四年二月版，第154页。

⑪《木心的散文主题讨论会》，《关于木心》，广西师范大学出版社二〇〇六年一月印，第9页。

⑫《木心的散文主题讨论会》，《关于木心》，广西师范大学出版社二〇〇六年一月印，第10页。

⑬《木心的散文主题讨论会》，《关于木心》，广西师范大学出版社二〇〇六年一月印，第12页。

⑭《木心论》，《现代散文纵横论》，郑明娳著，大安出版社一九八八年九月再版，第87页。

⑮刘道一辑录：《文学往事》，《木心逝世两周年纪念专号：〈温故〉特辑》，刘瑞琳主编，广西师范大学出版社二〇一四年二月版，第152页。

⑯刘道一辑录：《文学往事》，《木心逝世两周年纪念专号：〈温故〉特辑》，刘瑞琳主编，广西师范大学出版社二〇一四年二月版，第157页。

⑰刘道一辑录：《文学往事》，《木心逝世两周年纪念专号：〈温故〉特辑》，刘瑞琳主编，广西师范大学出版社二〇一四年二月版，第144页。

⑱《八十二年诗选》，梅新、鸿鸿主编，现代诗季刊社一九九四年版，第103页。

⑲刘道一辑录：《文学往事》，《木心逝世两周年纪念专号：〈温故〉特辑》，刘瑞琳主编，广西师范大学出版社二〇一四年二月版，第150页。

新发现一份木心手写的会议记录

去年，网络上出现一份署名是由“孙牧心”“记录”的“美专学生自治会第二次干事会议录”（以下简称会议记录）。该会议记录由毛笔手写，长三十九厘米，宽二十八点五厘米，字迹隽秀，品相完整，甫一出现便被人以两万元拍得。

这份品相颇为完整的民国文献，因事关木心二十世纪四十年代在上海美专的求学经历，为其早期的生平研究提供了鲜活而确凿的史料，所以显得弥足珍贵。又因该会议记录是由木心亲笔用毛笔书写，反映了其早期的书法状况，其价值就更加显而易见了。

根据图片显示，该会议记录首先依次标明了开会的“地点”“时间”“出席者”和“讨论事项”。地点为“本校图书室”，时间为“十月十五日上午八时”，出席者有九人，分别为：林克松、贺鸣声、夏子颐、沈新民、陈沙兵、孙牧心、沈开逸、张怀江、崔奋波。此外文末落款有“主席林克松”和“记录孙

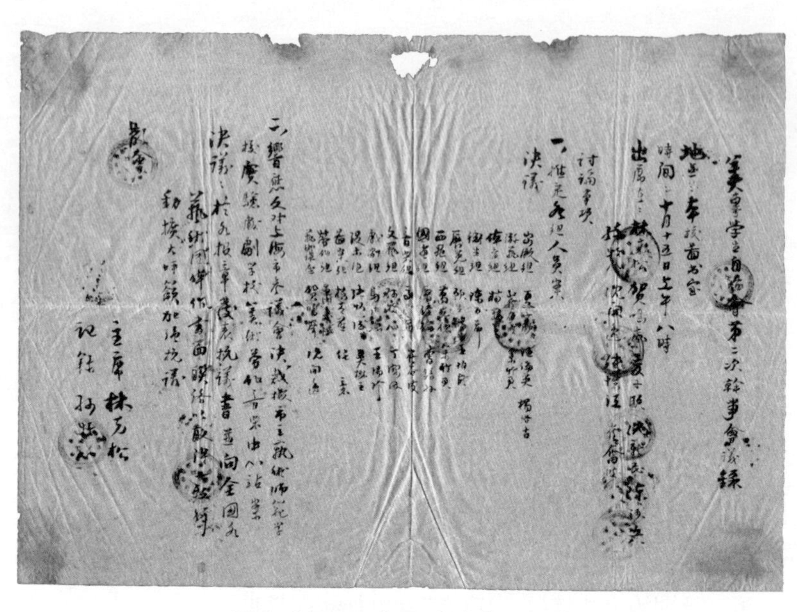
美專學生自治會第二次幹事會議録

地點：本校[illegible]書室

時間：十月十五日上午八時

出席者：[illegible]

討論事項、

一、推定各組人員案、

決議、

[illegible]

二、響應反對上海市參議會決議裁撤市立[illegible]學校、實驗戲劇學校、[illegible]

決議：[illegible]發表抗議書並向全國各藝術團體作書面聯絡以取得[illegible]擴大呼籲加緊抗議

主席 林[illegible]松

記録 孫牧心

署名“孙牧心”记录的会议记录

牧心”。从笔迹来看，整张墨迹均出自木心之手。

“本校图书室”即上海美专的校图书馆，应该是位于今顺昌路五六〇号那幢旧楼靠近永年路的折面部分。一九二五年十月，上海美专在此购地两亩建西洋式三层校舍，于次年六月建成。建筑呈“L”形，折面向东，折面部分的二楼、三楼即是图书馆和书报阅览室。课余时间阅读、作画是师生校园生活最重要的内容之一，这里就成了美专学生进行课余学习的主要场所。

开会时间记录的很具体，但未标明具体年份。经笔者查阅相关史料后可以断定是一九四六年。这一年正是上海美专复校后学生运动开始蓬勃发展的一年。

上海美专学生自治会正是美专进步学生为了开展学生运动的需要自主组织的学生团体，参加此次会议的人员无疑都是该自治会的干事成员。其中有多位与木心是同一个专业（西洋画系，但不一定同级）的同学。目前除了崔奋波的情况尚不清楚外，其他几人均能找到或多或少的信息。

林克松是当时上海美专的学生自治会主席，又名林野，生于一九二六年。福建闽侯人。一九四二年考入上海美专西画系五年制学习，一九四七年七月专科毕业，紧接着继续攻读研究生，至一九四八年正式毕业。林克松在校期间得到陈盛铎、刘狮等画家的启蒙，受到陈士文的油画指导。晚年从上海书画出版社离休。木心与陈士文的关系亦十分密切，一九四九年前后陈士文曾打算赞助木心前往法国留学，因时局剧变，终未成行，成为木心的一大遗憾。

贺鸣声（一九一五～一九八四），浙江台州椒江人。早在一九三五年就考入上海美专西画系，不知为何此时又回上海美专求学，就读于三年制西洋画系。贺鸣声师从倪贻德，专攻西画技艺。一九四六年当选美专争取和平促进会上海分会主席。后到延安，先后进入陕北公学、鲁迅艺术学院学习。新中国成立后任职于浙江省文联。

夏子颐（一九一八～二〇〇〇），字贤洛，别名立如。浙江温州人。一九四二年二月转入上海美专求学。一九四八年任浙南游击纵队宣传队长。先后参加战时永嘉木刻通讯社、浙江战时木刻研究社和中国木刻研究会等美术社团。一九五〇年调入中央美术学院华东分院，曾任附中校长、版画系讲师。一九八三年任浙江美术学院师范系主任、副教授。夏子颐系词学家夏承焘的侄子，在上海美专求学期间与木心交往甚密。据上海档案馆所藏上海美专档案显示，一九四八年两人均因积极参加学生运动而被上海美专勒令退学。

沈新民，生于一九二四年。浙江萧山人。一九四八年七月从上海美专三年制西洋画系毕业。

陈沙兵（一九二〇～一九七九），原名陈素屏。浙江温州人。一九三七年在温州增爵小学任美术教师。一九三九年十一月参加浙江战时木刻研究社木函班学习，开始投身新兴木刻运动。一九四二年加入中华全国木刻家抗战协会、中国木刻研究会。一九四三年考入英士大学艺术专修科。一九四六年三月转入上海美专西洋画系学习。曾任美专争取和平促进会上海分会主席、学生自治会主席。一九四七年加入中国共产党，奉命离校后不久转到浙南游击区工作。一九五二年调到北京人民美术出版社工作。

沈开逸，生于一九二六年。江苏无锡人。此时就读于上海美专三年制西洋画系。一九四八年，与木心、夏子颐同时被上海美专勒令退学。

张怀江（一九二二～一九八九），原名张隆超。浙江乐清人。十一岁在哥哥张龙光辅导下作钢笔画《鹅》发表在上海《儿童世界》。一九三八年，师从郑野夫学习木刻创作，参加春野木刻研究会。一九四三年，考入国立东南联合大学艺术专修科学习。一九四五年秋，在乐清中学任美术教师。一九四六年秋，张怀江也转入上海美专就读，同一年参加中华全国木刻协会。一九四七年上海美专毕业后，留校为研究生，由陈沙兵介绍参加中共组织。一九四八年进入浙南游击区，从事宣传工作。一九五〇年调到中央美术学院华东分院任教。

以上参会人员中，陈沙兵和夏子颐为中共地下党员。二人早于一九四六年四月就与另外一位同学葛克俭一道在上海美专成立了中国共产党上海美专党小组，积极筹划上海美专的学生运动。他们组织美专同学发挥各自所长，充分利用漫画、木刻、宣传画和活报剧等艺术形式作为战斗武器，积极开展形式多样的学生运动。如在校期间夏子颐创作的木刻作品有《闻一多》、贺鸣声的木刻作品有《心诉》、张怀江的木刻作品有《苦力》、葛克俭的木刻作品有《消息》《药》（木刻组画）、陈沙兵的漫画有《美国佬滚出去》、沈开逸的巨幅张贴漫画有《巨拳猛击美国佬》等，都被随时磨印或复制油印成千百张传单随着示威、游行队伍四处散发和张贴。为了配合历次示威游行活动，木心与杨艺生作为骨干组成了上海美专进步话剧团，自编自演活报剧。在一次演出中杨艺生朗诵了高尔基的散文诗《海燕》，获得了高度评价。

此次召开的学生自治会第二次干事会议正是上海美专蓬勃发展的学生运动中的一个环节。根据会议记录可知，本次会议主要安排了两项“讨论事项”：一是“推定各组人员案”，根据“决议”可知，主要确定了“出版组”“卫生组”“西画组”“国画组”“音乐组”“文艺组”“戏剧组”等十四个组，木心被分配在“文艺组”。二是“响应反对上海市参议会决裁撤市立艺术师范学校实验戏剧学校美术劳作音乐中心站案”，为此作出的决议是：“于各报章发表抗议书，并向全国各艺术团体作书面联络，以取得一致行动，扩大呼吁，加强抗议。”就在随后不久的一九四六年十月二十四日，上海美专学生自治会将此次会议决议付诸了行动，组织了两百多个学生向社会贤达及全市艺术工作者发出呼吁，希望大家能出面主持公道，要求上海市参议会收回成命。①

这次会议已过去七十年，当事人或已作古，或湮没无闻，但这份由木心手写的会议记录如今重见天日，不能说不是一件幸事。正是这一张薄薄的故纸，使我们真切地感受到了那个风雨如磐的激情年代上海美专进步学生飞扬的青春风采。

注释：

①参见《上海文化界：奋战在“第二条战线”上史料集》，金炳华主编，上海人民出版社一九九九年版，第82页。

木心生平考释三题

木心的生平一直不为世人所详知，本文在新发现史料的基础上，围绕木心前后的两次办刊经历，木心进出上海美专的时间和就读上海美专时的成绩单三个方面进行考释，希望借此能有助于学界加深对木心其人其事的了解。

木心的两次办刊经历

就目前所知，木心有过两次办刊经历。

第一次是抗战胜利之后，在故乡乌镇与沈罗凡、邵传发、徐宜诚一起创办了文学刊物《泡沫》。

《泡沫》为八开的油印刊物，以刊登文学作品为主。据沈罗凡回忆，木心主要负责编写诗歌和散文，此时的作品“幽美清雅，富于情致”。当时由于国民政府压榨崇德、桐乡两县农民，肆意摊派捐款，从而激起了民众的反抗。《泡沫》毅然支持这一正义之举，发表了沈罗凡撰写的《论国民捐献》《再论国民捐献》等文，以尖锐的言辞对这种行为进行了批判。刊物出刊后还张贴于乌镇北花桥、应家桥堍等处广为宣传，沈罗凡为此遭到了乌镇警察所的传讯追问，《泡沫》也因此而停刊，前后总共只出了五期。[①]

木心后来将《泡沫》带到了杭州。据沈罗凡回忆，一九四九年春节后，他应木心之邀前往杭州，第一次见到和木心一起成立杭州绘画社并担任社长的叶文西时，就说自己曾读到过在杭州编的《泡沫》。叶还有另外一个隐秘的身份，他是浙东游击纵队杭州联络站负责人之一。[②]由于此刊只是民间小刊，笔者多方寻觅，至今未见存世。

第二次是八十年代初，木心在上海参与创办了《美化生活》杂志。

木心摆脱厄运是在一九七八年，在这之前他一直处于被监督劳动中。随着上海手工业局原局长胡铁生的复出，木心因受其赏识，境况随即改善。他不仅重获自由，还得到胡铁生的提携出任正在筹备的庆祝建国三十周年工艺美术大展的总体设计师。一九七九年，胡铁生决定成立上海市工艺美术协会，自任理事长。木心因工作突出，再次被胡铁生委任为秘书长，主持协会日常工作。

《美化生活》即是上海市工艺美术协会会刊，亦由胡铁生

木心实际任主编的《美化生活》试刊号封面

提议创办，用以宣传普及美学知识，指导消费，促进生产。其试刊号于一九八二年出版发行，据版权页可知，刊物由《美化生活》编辑部编辑，上海市工艺美术协会出版。此外，版权页还有“彩版”一栏，标示各彩页的信息，其中“封面设计”出自木心上海美术专科学校的老同学任意之手，“装饰图案”出自王子淦、高风、奚小琴三人之手。除以上所述外，再无编委会和参与者的详细分工。

木心之于《美化生活》，夏葆元说是“艺术设计”[③]，一九八四年十一月由诗人痖弦主编的《联合文学》创刊号中有《木心小传》则说是“《美化生活》期刊主编”[④]。据上海师范大学教授李平撰文指出，木心乃《美化生活》事实上的主编：

> 胡铁生认为，有了协会，还要有一份协会编辑的刊物，这就是改革开放后最早的时尚类杂志《美化生活》。编辑部就设在木心的办公室，也就是作为半层的地下室的一间屋内，但从玻璃窗可以平视外面的花园。胡铁生提议，作为协会秘书长的木心任这本杂志的主编。方阳当时调来兼任杂志的摄影编辑，与主编木心面对面坐着一起办公。有文认为，木心只是杂志的“艺术设计”，此说不确。[⑤]

原来，胡铁生因深知木心文学功底深厚，遂又委任其为《美化生活》试刊号主编。编辑部设在汾阳路七十九号上海工艺美术研究所内，作为主编的木心虽不坐班，但对杂志的排版、摄影和文稿要求很高，负责查看校样，签发稿费单。此时木心每月的工资有六七十元。木心只参与了试刊号的编印，创刊号则要到一九八三年才出版，而木心已于一九八二年八月底赴美留学。与试刊号相比，创刊号无论是栏目设置还是装帧设计和开本，都发生了根本性的改变。

《美化生活》是我国第一家公开发行的工艺美术期刊，其试刊号的栏目有：“发刊词”“论坛”“纵横谈”“放眼量”“浪花·虹彩”“学·问·答”。

“发刊词”系木心新撰，经胡铁生审阅修订，内容主要阐明该刊的定位、宗旨和使命，现照录如下：

发刊词

生活需要美化。

本刊是广大工艺美术爱好者与专业技艺人员开展学术交流、技术交流、经验交流的新园地，旨在探索生活领域里的美学原理，陶冶高尚的审美情趣，以提高社会文明文化程度。同时，还负有宣传产品，指导消费，提高欣赏水平，丰富实用美术知识的多重使命。读者对象是有关专业的技、艺人员，广大工艺美术业余爱好者，以及大专院校的青年学生。

本刊的内容，每期有所侧重。撰稿者多数是本市工艺美术、服装、玩具、家具、家用电器、日用五金等行业的工艺美术家、工艺家、工程师、设计师、技师，也企望得到广大业余作者的来稿。

读者是我师，读者是我友，敬希读者批评指正。⑥

其他如“论坛”主要是专题学术研究；“纵横谈”是有关美化生活的启发性、趣味性文章，其中徐天润的《店面设计札记》一文的标题为毛笔体，文末括号内标示题字者为木心；“放眼量”介绍、评论、分析国外工艺美术的最新动态；“浪花·虹彩”为消息报道和行情介绍，多发知识性、实用性的小品；“学·问·答”乃编者答读者问，为互动栏目。

木心进出上海美专的时间

说到木心进出上海美专的时间，首先不得不提木心因出国需要，南京艺术学院（前身为上海美术专科学校）于一九八一年十一月二十五日为其开具的学历证明书。因此资料异常珍贵，全文照录如下：

南京艺术学院

★

学 历 证 明 书

孙牧心，男，浙江省桐乡县人，1946年1月至1948年7月，在我院前身上海美术专科学校三年制西洋画系肄业，成绩优良。

特此证明。

南京艺术学院院长
前上海美术专科学校校长　刘海粟

南京艺术学院副院长
前上海美术专科学[illegible]副校长　谢海燕

一九八一年十一月[illegible]

南京艺术学院开具的木心学历证明书

学历证明书

孙牧心，男，浙江省桐乡县人，一九四六年一月至一九四八年七月，在我院前身上海美术专科学校三年制西洋画系肄业，成绩优良。

特此证明。

南京艺术学院院长
前上海美术专科学校校长　刘海粟

南京艺术学院副院长
前上海美术专科学校副校长　谢海燕

一九八一年十一月廿五日

该证明书上除了打印有文字外，还配有一帧木心的黑白证件照，落款处盖有“南京艺术学院”公章。证明书的内容虽然简短，却清楚地写明了木心进入和离开上海美专的时间分别为“一九四六年一月”和“一九四八年七月”。接下来笔者将对这两个时间做一些必要的辨析，使事实更加清晰而丰满。

有关木心进入上海美专的时间，除了学历证明书所示外，还存在以下三种说法：

一、据木心的自制年表显示，其“一九四五年初”就在上海美专。

二、据刊载于二〇〇六年三月十日《外滩画报》上的《我不是什么国学大师》访谈，木心是“十九岁”到上海。⑦

三、木心在二〇一〇年六月二十八日提供给桐乡地方文史研究者周乾康的简历中说是“十七岁赴上海美术专科学校学习绘画”。

以上三种说法中，第一、二种均认为是一九四五年（“十九岁”按常理应指虚岁，即一九四五年；如是周岁，则是一九四六年）。而事实是上海美专直到一九四五年八月日本宣布投降后才在上海菜市路原址筹备复员，到了九月校长刘海粟复职视事，九月十五日新学期正式开学。此为一九四五学年度的第一学期，经笔者查阅上海市档案馆所藏私立上海美术专科学校一九四五学年度第一学期至一九四六学年度第二学期各系科组学生成绩表⑧可知，本学期的成绩表中还没有木心的任何信息，要到下一学期即一九四五学年度的第二学期（按：约一九四六年一月开学）才第一次出现木心的成绩，也即是说木心一九四五年尚未入学。因而此说不成立，应属记忆失误。

至于第三种“十七岁”说，那是更早的一九四三年，如果是周岁则是一九四四年。据自制年表，木心一九四三年起初主要在乌镇，其中秋季在嘉兴，之后因为要报考国立杭州艺术专科学校则去了杭州。木心在《战后嘉年华》一文中也明确交代：“一九四三年，我住在盐桥附近的‘蘋南书屋’，女佣料理日常琐事，我独进独出，一心要做那种知易行难的艺术家。”[9]又据自制年表，一九四四年春季起全年都在杭州。以上资料中均未提及一九四三年或一九四四年曾到过上海，更不要说是求学了。综合如上所述，可以断定学历证明书中的入学时间最为准确，也就是说木心进入上海美专的确切时间是一九四六年一月。

接下来要谈木心离开上海美专的时间，这个时间与学历证明书上的“一九四八年七月”之间存在一定出入，因关涉木心提前离开上海美专的原因，很值得一说。

先看以下两种说法：

一、据自制年表，结束上海美专学习生涯的时间为“一九四八年夏”。

二、台北《联合文学》创刊号中的《木心小传》说是“一九四八年毕业于上海美术专科学校西画系”[10]。

以上两种说法与学历证明书上的“一九四八年七月”在年份上基本一致，唯独不同之处在于“夏”是季节称呼，时间概念比“七月”要更加宽泛一些。那么我们是否就可以断定木心就是“七月”离校的呢？未必然。

经笔者查阅上海市档案馆所藏私立上海美术专科学校一九四七学年度第一学期至一九四七学年度第二学期各系科

组学生成绩表（起始时间为“一九四七年八月起至一九四八年七月止”）可知，三十六年度第二学期学生成绩总册（即一九四七学年度第二学期，疑为一九四八年二月开学）中留有“孙牧心”一栏，成绩中却只有“缺席”一项得了二十五分，其他各科成绩均阙如。还有一个不容忽视的地方是，名字边上留有毛笔手写“已令退学”四字，明确显示木心当年是被勒令退学的。据此看来，本学期学校开学后木心曾正常入学，只是还未等到期末考查就被退学了，以致连最终的成绩都不完整。既如此，说是学期结束时的七月离校就不是特别准确，他应该是在七月之前就离开了上海美专，确切时间有待进一步查考。而后来的学历证明书写成“七月”也很好理解，校方成人之美，取其完满之意也。

另外学历证明书中还有一处需要特别指出，那就是说木心是从“我院前身上海美术专科学校三年制西洋画系肄业”的。是“肄业”而非“毕业”，事实已经很清楚，只是木心出国后或许是出于增加个人资历的考虑，凡是介绍他学历的文字一律作“毕业”而非“肄业”。

最后还可以宕开一笔，顺带提一提木心一九八一年秋到南京某医院拜访上海美专原副校长谢海燕的一段往事。据木心自述：

> 一九八一年秋，我在南京的医院中会晤谢海燕先生，老校长一见就叫响我的名字，蔼然前辈之风使我感到自己仍然是不安分的坏学生，于是纷纷扬扬地共怀一番旧：包了火车去旅行写生哪！蔡先生的那些话到了今天反而更有现实意义哪！医生着护士来干涉，我们抗命又继续半小时才怅然结束。[11]

木心的南京之行主要是为了请南京艺术学院开具学历证明，与拜访谢海燕应该是同一时间，至于是专程拜访老师还是顺便托老师为自己办理学历证明那就不得而知了。但有一点可以肯定，木心就读上海美专时，谢海燕与其之间的师生关系还是相当密切的，不然老校长也不会“一见就叫响我的名字”。

木心就读上海美专时的成绩单

木心就读于上海美专期间的经历，可于《战后嘉年华》（见《鱼丽之宴》“附录”）一文中略窥一斑。此外，木心在已经出版的文字中再没有像这样相对集中地述及上海美专的学习生活，特别是他在此求学期间的成绩状况，几乎不为世人所知。笔者近年致力于编撰《木心先生编年事辑》，对木心在上海美专求学的这段经历颇感兴趣，因苦于资料匮乏，经多方求索，终于在上海市档案馆所藏之上海美专的档案资料中发现了木心在该校求学期间的成绩单，正可以填补这份空白，真是喜出望外。

这批成绩单在上海美专的档案中共分两批有五个学期，非常直观地向我们展示了木心在上海美专的学习状况。首先是私立上海美术专科学校一九四五学年度第一学期至一九四六学年度第二学期各系科组学生成绩表，起始时间为“一九四五年八月起至一九四七年七月止”。这之中包含了三个学期的成绩。第一学期为“一九四五学年度第一学期”（按：开学时间为一九四五年八月），该学期的成绩表题为“三十四年度第一学期各系组学生学业成绩操行等第总册”（按：“三十四年”为民国纪年，即一九四五年），详查后发现没有木心的资料。据南京艺术学院一九八一年十一月二十五日为木心开具的学历证明书显示，木心是一九四六年一月才进入上海美专的，而笔者也正是在三十四年度第二学期各系组学生学业成绩操行等第总册（按：本学期开学时间疑为一月）中找到了木心在该校求学期间的第一份成绩单。因而可以初步确认木心是作为插班生于一九四六年一月才进入上海美专的，比正常入学时间晚了整整一个学期。其本学期各科的成绩如下：

三十四年度第二学期各系组学生学业成绩操行等第总册

三年制专科西洋画系

孙牧心

		平时	考试
理论	国文	80	80
	英文		90
	色彩学		78
	艺术概论		70
	平均分数		79.5
实习	素描	80	85
	平均分数		82.5
	学业总平均		87
	缺席		24
	操行等第		甲

根据这份成绩单我们可以获知如下信息：一、木心此时用的名字是“孙牧心”，这是目前可知的这一名字最早的使用时间（按：笔者发现，“孙牧心”亦是木心在上海美专求学期间的通用名）。二、木心就读的是上海美专“三年制专科西洋画系”，这与《战后嘉年华》一文中所说的“三年制西洋画专修科”基本一致。三、本学期木心所学的科目有“国文”“英文”“色彩学”“艺术概论”“素描”，与其他同学的成绩进行对比，木心的成绩总体上名列前茅。四、该专业的课程设置

分为“理论”和“实习”两大类，这与《战后嘉年华》中的描述基本吻合：

> 那时的所谓“西洋画专修”，上午一概是实习课，从石膏素描渐进到人体素描及油画创作，其他如水彩、粉笔、速写是间隔性的穿插。下午，理论课，美术史、透视学、解剖学、色彩学，生意清淡，因为翻翻书就可以应付考试，而教师讲讲就讲到物价高、薪水低、老婆又要生孩子，劝大家不要学艺术。实习课的风气则不然，我至今还流连那时候的学生的生活习惯，晨起盥洗，早餐既毕，换上浆洗一清的衬衫（多数是纯白），打好领带，擦亮皮鞋，梳光头发，挟着画具健步经长廊过走道上楼梯进教室，教授总是先在那里，衣着更为严谨。……课间休息时，我们拿出画册来请C教授品评讲解，他娓娓道来如数家珍，分别等级毫不假借。他认为胆大：大画家，胆小：小画家，使我们这群男孩女娃气壮神旺、自负日高，而论素描基础之奠定，他又说画桃子要连桃的茸毛也画出来，大家又为之瞠目结舌。[12]

以上描述显然要更加具体详细，文字也更加生动活泼，两相对照，即能大致看出木心在上海美专期间的专业学习实况。值得注意的是，在这样的对照中，我们似乎发现了一点木心写作上的秘密，即在木心相对写实的散文中，其非虚构的内容还是大体不错的，这为我们把握木心写作上的虚实关系提供了很有价值的参考。

民国三十五（一九四六）年度第一学期（按：八月开学）各科的成绩如下：

三十五年度第一学期各系组学生学业成绩操行等第总册

三年制西画系

孙牧心

		平时	考试
理论	国文	78	90
	英文	75	70
	透视学	80	80
	平均分数		77.2
实习	素描	90	
	水彩	80	90
	平均分数		87.5
	学业总平均		82.35
	缺席		4.5
	操行等第		乙

根据这份成绩单我们可以获知如下信息：一、与上学期对比，“国文”“英文”“素描”仍在学习中，新增的科目有“透视学”和“水彩”。二、“缺席”所得分数甚低，“操行

等第”被评为“乙”，需要指出的是，本学期大多数同学的“操行等第”均为“乙”，这或许与近年上海美专的学生运动异常活跃而校方为此加强了管制有关。

民国三十五（一九四六）年度第二学期（按：疑为次年一月或二月开学）各科的成绩如下：

三十五年度第二学期各科组学生操行成绩总册

三年制西画系

孙牧心

		平时	考试
理论	国文	90	80
	英文	68	70
	解剖学	75	
	透视学	82	75
	平均分数	77.50	
实习	人体	87	89
	水彩	82	80
	缺席	34	
	操守等第	甲	

根据这份成绩单我们可以获知如下信息：一、与上学期对比，“国文”“英文”“透视学”和“水彩”仍在学习中，新增的科目有“解剖学”和“人体”。二、“缺席”的分数回

升，“操守等第”提高。

第二批成绩单在私立上海美术专科学校一九四七学年度第一学期至一九四七学年度第二学期各系科组学生成绩表中，起始时间为“一九四七年八月起至一九四八年七月止”。这其中涉及木心的有两个学期的成绩，其一为民国三十六（一九四七）年度第一学期（按：八月开学）各科的成绩：

三十六年度第一学期学生成绩总册

三年制西洋画组一年乙级学业成绩

及操行名次缺席记分名册一览表

孙牧心

		平时	考试	平均
理论	国文	80	70	75
	英文	60	80	68
	解剖学	72	78	75
	美术史	96	92	94.4
	平均分数	78.1		
实习	水彩实习	85	90	87
	人体实习	92.4	90	91.44
	平均分数			89.22
	学业总平均	83.66		
	缺席	20.5		
	操行等第	乙上		
	名次	73.41		

根据这份成绩单我们可以获知如下信息：一、与上学期对比，“国文”“英文”“解剖学”“水彩”“人体”仍在学习中，新增的科目为“美术史”。二、“操行等第”被评为“乙上”，偏低。

其二为三十六年度第二学期学生成绩总册中的民国三十六（一九四七）年度第二学期（按：疑为次年一月或二月开学）的成绩单，仍保留有“孙牧心”一列，但只有“缺席”一栏标有成绩为“二十五”，其他科成绩均阙如。更有意思的是，在“孙牧心”的名字边上先后出现两次标注，先是印章体的“留级”二字，后被涂抹，用毛笔改写为“已令退学”四字，字迹清晰可见。这里透露出了一个很重要的信息，即原本入学就晚了一个学期的木心在还没有如期完成应有的学习年限就提前离开了上海美专，其原因竟是被勒令退学。无独有偶，本学期被退学的该系同学还有李敏、沈开逸和夏子颐三人，也一并在本学期的成绩单中被以同样的方式一一标注，他们之间是否存在关联，有待进一步查考。至于木心被退学的原因是什么，因篇幅所限，将另文再叙。

注释：

①②参见沈罗凡：《怀念牧心》，转引自周乾康《木心的少年伙伴沈

罗凡》，为未刊稿。

③参见夏葆元：《木心的远行与归来》，《中国随笔年选2012》，朱航满编，花城出版社二〇一二年十二月版，第147页。

④⑩《木心小传》，《联合文学》创刊号，一九八四年十一月一日，第58页。

⑤李平：《“我是一个远行客”：木心在上海工艺美术研究所》，二〇一六年八月二十九日《文汇读书周报》。

⑥《发刊词》，《美化生活》试刊号，上海市工艺美术协会一九八二年出版，第3页。

⑦曾进：《海外作家木心专访：“我不是什么国学大师”》，《外滩画报》，二〇〇六年三月五日。

⑧上海档案馆藏上海美专档案Q250-1-207～221，下文所引上海美专档案均出自该处。

⑨⑪《战后嘉年华》，《鱼丽之宴》，木心著，广西师范大学出版社二〇〇七年一月版，第113页。

⑫《战后嘉年华》，《鱼丽之宴》，木心著，广西师范大学出版社二〇〇七年一月版，第121～122页。

辑三　交游

木心十七岁离开乌镇，前往杭州报考国立杭州艺术专科学校，迈出了他“美学的流亡”第一步。关于此次离家，木心晚年在《海峡传声》的访谈中交代了缘由：

> 老家静如深山古刹，书本告诉我世界之大无奇不有，丰富的人生经历是我所最向往的，我知道再不闯出家门，此生必然休矣——一天比一天惶急，家庭又逼迫成婚，就像老戏文中的一段剧情，我就“人生模仿艺术”，泼出胆子逃命。此后的四十年是一天天不容易过也容易过。①

归纳起来，原因有二：一是家里逼婚，二是向往丰富的人生经历。前者只是诱因外因，后者才是决定根本的内因，是少年木心毅然决然选择背井离乡的驱动力。

到杭州后，木心的生命激情和艺术潜能被这里的风物与人事所激发。他一方面饱览杭城名胜，“时常在平湖秋月、罗苑、孤山、西泠印社那一带踽踽独行”[②]；另一方面西装革履，逛旧书店，泛览闲书，练钢琴，画油画，热衷画展，“一心要做那种知易行难的艺术家”[③]。而在杭州的生涯中对木心影响最大的莫过于结识了一批志趣相投的文艺师友，这其中尤以夏承焘对他的影响最大，令他念念，难以忘怀。

木心与夏承焘的交往，起于何时，因何机缘，不得而知。夏烈在《与木心先生的下午茶》中提及木心初次见到夏承焘时的印象，木心说：“我与夏承焘先生是忘年交，我们相差有二十几岁。初见夏先生的样子与我读他诗句中的风流潇洒状颇不相符，他黑黑又不高。”[④]据木心自己所说，两人成为“忘年交”大致是在抗战胜利之后。此时的木心与夏承焘之间无论是年龄还是学识名望均悬殊。年龄上木心小夏承焘二十七岁（木心生于一九二七年，夏承焘生于一九〇〇年），因夏承焘老相，以致在木心后来的回忆里夏此时已近六十岁，其实五十岁还不到。

木心此时默默无闻，充其量是一个对艺术充满向往的热血文艺青年。而夏承焘已是名闻知识界的浙江大学中国文学系教授，还一度出任系主任，用木心的话说夏“号称近百年第一词家”。尽管两人有此悬殊，却并未影响彼此之间的交往和交流。

抗战胜利后，夏承焘于一九四六年元旦后，从温州回杭州继续任刚迁回的浙江大学师范学院教职。校址设在木心常去的罗苑，夏承焘就住在学院的宿舍里。木心之所以会流连于罗苑，还有另一个重要原因——这里曾是国立杭州艺专的校址。

罗苑又名哈同花园，是英国商人哈同建于一九一九年八月的私人别墅，后于一九二七年三月被国民革命军接收，作为第二十六军政治部留守处。不久经浙江省政府决议没收，拨归国立第三中山大学（后更名为浙江大学）做研究院院舍。一九二八年一月，由蔡元培创办、林风眠出任校长的国立艺术院（次年更名为国立杭州艺术专科学校）成立，经蔡元培出面协调，向国立第三中山大学租用为校址。抗战爆发后艺专内迁，罗苑荒废，至一九四五年抗战胜利后不久被浙江大学收回。

木心与夏承焘的交往比较集中，细翻《天风阁学词日记》，提及“牧心”（木心本名）二字的地方不过三四处，且都集中在一九四七年上半年当中。时间虽然短暂，但频繁而深入，带有鲜明的问学性质。他们时有长谈，地点多在夏承焘的家中，一次时至中午，夏承焘留饭，还特意给木心多煎了两个蛋。据夏承焘《天风阁学词日记》记录，一九四七年四月六日与木心“讲庄子游于不得遁而皆存及佛家悲智双修”[5]。一次交谈内容就涉及庄子和佛学这两项深奥的内容，如果时间短促，恐怕是讲不深也讲不透的吧。日记中只说是“牧心来，与讲……”，看来还是面对面的单独授课。日后木心在纽约为一帮中国艺术家讲世界文学史时也涉及庄子和佛教的内容，只怕还有夏承焘的影子在。木心在《文学回忆录》中语及庄子时就说过这样的话：“我也曾在庄子的范畴里待了很久，然后才施施然走出。”[6]此外，木心还忆及在杭州听过夏承焘专门讲《桃花扇》，详情则不得而知。

讲学之外，木心和学友们还有过陪夏承焘出游的经历。《天风阁学词日记》一九四七年四月五日有记录：“午后，与牧心、子颐、君量游紫云洞，不到十年矣。”[7]看来和夏承焘交往的少年不只木心一人。子颐即夏子颐，木心上海美术专科学校的同学，当时是中共地下党员，新中国成立后为浙江美院副教授。值得一提的是，夏子颐乃夏承焘的侄子，木心与夏承焘结识很有可能是因为夏子颐的关系。君量即郑德涵，字君量，从龙榆生学词，与夏承焘有唱和，毕生从事中学教育。其实，夏承焘的交游甚广，除了本校师生，还有各地的文化名流，不可胜数。而其中有一批非浙江大学的学生如木心这样的也乐于与之交往，慕名问学于他，夏承焘亦能一视同仁，诲人不倦。

夏承焘虽不是书法家，但迫于文名，时常有人索字留念，他也乐于应付。对木心，他曾“手抄四福音书中的箴言给我，《葡萄》篇，《梁木》篇，还有‘主啊，兄弟得罪我，原谅他七次够了么……’他用来解释儒家的‘恕’道，因为夏先生准备原谅我七十七个七次，所以我一次也没有得罪他”[⑧]。

抗战后杭州艺专内迁，木心苦等不着。抗战胜利后上海美专率先登报招生，木心遂去信报名，于一九四六年一月进入该校三年制西洋画专修科，成为一年级学生。离开杭州后，木心与夏承焘仍然保持书信联系，夏承焘的日记中就有给木心发信的记录。书信的内容仍以文事为主，据木心追忆，夏承焘在信文启首会写“木心仁兄大人阁下”，每次寄作品来都写“木心仁兄指正”。木心则称呼夏承焘为“夏丈”，这是一个既含敬意又不失亲切的称谓。彼此之间的交往甚为融洽而和美，亦是民国那一代文人间交往的实录。

这几年间，木心及其同学时常往来于杭州、上海之间，身影颇为活跃。借着回杭的机会，木心常常前去探望夏承焘。夏是词人，与之交往，不免叙及词事，甚者还有诗词间的往返唱和。夏承焘就曾于一九四七年四月五日手书二词赠木心。木心一九四七年八月从上海回杭州，登门拜望，“夏丈自释其

‘浑脱旋如风，眼波无处逢’之句，意指二次国共谈判可堪制泪，看天已‘伶俜十年’者，亦感证时势，而非儿女伤心语焉”⑨。当数十年后，木心漂泊海外，想起这些充满温度的如昨往事时，不由感叹“浮光世事，草草劳劳，荏苒四十年，夫子自道声犹在耳”⑩。当他听说夏先生仍健在，“桑榆晚兴以流观蒲松龄遗篇为娱遣”⑪时，心中欣然慰藉。

木心在《西班牙三棵树》第三辑中还为夏承焘的一阕词而较过真。他说“年前阅报，偶见有夏师女弟子追记尊长宿作者，与愚所知字句有别，旨意似舛”，遂谨就忆诵录出，以供考辨。木心所记的是夏承焘为回复乐清人张云雷问及山居近况而作的《鹧鸪天》词：

> 抛却西湖有雁山。携家况复住灵岩。不愁尽折平生福，并欲先支来世闲。　　无一字，落人间。野僧诗债亦休还。但防初写禅经了，便有龙神夜叩关。

一次，木心偶过纽约唐人街东方书店，购得一册《夏承焘诗词集》。记起此事，抱着“窃思先生怀抱，素莫逆也，揆之或无大谬”的自信，相互比对，“愕见二句为‘携家况复往灵岩’，七句为‘野僧诗债亦慵还’，异哉。予忆诵失误邪？抑夏丈事后改定邪？然则‘住’已宁适，‘往’犹在道。‘慵’

固温醇，‘休’更飒爽”。因此不禁发出“遥望云天，不复得喋喋左右矣”的喟叹。[12]

回头来看木心与夏承焘之间的交往，后者对前者的影响特别显著。这可从木心对夏承焘的念念不忘中看出，更为重要的是，木心自己说过是因为与夏先生的“诗词往还，我才野性稍戢”[13]。以木心向来精粹节俭的语言，这是审视夏承焘对其影响至关重要的当事人言。一个人对另一个人的影响，还有什么比性格的同化还要来得深刻的呢？

到上海后，木心积极投身于学生运动，是上海美专的学生会骨干。由于时代动乱，加之木心在国民党政府的追捕之列，一九四九年五月还曾一度加入中国人民解放军，最终失去了与夏承焘的联系。再往后，木心更是命途多舛，牢狱不断，人事凋零，夫复何言。

注释：

①《海峡传声》，《鱼丽之宴》，木心著，广西师范大学出版社二〇〇九年一月版，第21页。

②《战后嘉年华》，《鱼丽之宴》，木心著，广西师范大学出版社二〇〇九年一月版，第112页。

③《战后嘉年华》，《鱼丽之宴》，木心著，广西师范大学出版社

二〇〇九年一月版，第113页。

④夏烈：《与木心先生的下午茶》，《出版人》二〇〇六年第4期，第58页。

⑤⑦《天风阁学词日记〔二〕·一九四七年》，《夏承焘集》第六册，浙江古籍出版社一九九二年七月版，第687页。

⑥《文学回忆录》，木心讲述、陈丹青记录，广西师范大学出版社二〇一三年一月版，第205页。

⑧⑫⑬《海峡传声》，《鱼丽之宴》，木心著，广西师范大学出版社二〇〇九年一月版，第20页。

⑨⑩⑪《西班牙三棵树》三辑·其十五，木心著，广西师范大学出版社二〇〇九年一月版，第145页。

木心与茅盾

木心与茅盾均出生于乌镇，少年时又都因外出求学而作别故乡，最终都在各自的文学艺术道路上闯出了一片属于自己的天地。两人年龄相差三十一岁，属上下辈，有关他们的关系，目前见诸描述性文字的大都舛误，不明就里。为避免以讹传讹，现综合各方资料，条分缕析，以期还原事实的本真。

多篇文章中说木心与茅盾有亲戚关系，甚至不少人说他们是“远房叔侄”“远房亲戚”等，其实是误传。这种有意借茅盾盛名来抬高木心家世的做法其实是木心最反对的。在木心回国前的二〇〇六年三月，他在接受《外滩画报》记者曾进的访谈中就明确澄清了自己与茅盾并无亲戚关系，他说：

> 茅盾在上海的时候，我们见过面。但他不是我的远亲，我们只是来自同一个地方而已。他有名气，但待人谦和，所以当时的文学青年都来拜访他，出了书都请他指教。我在他的私人图书馆

里看了很多书。[①]

这段话基本概括了木心与茅盾的关系，归纳起来是三点：一、两人不是亲戚，是同乡；二、木心见过茅盾；三、木心借阅过茅盾乌镇家中的藏书。

一

第一点已经说得很清楚，问题主要集中在第二、三两点上。按照以上木心的自述，他在上海与茅盾见过面，但并未说起他第一次见到茅盾的时间。其实木心最早见到茅盾，应该是在乌镇的少年时。这可从茅盾回故乡的行踪和木心的《塔下读书处》一文得到印证。

茅盾曾于一九八〇年作的《可爱的故乡》一文中交代："一九一三年夏，我毕业于杭州私立安定中学，为了报考北京大学预科，我离别了故乡。后来，生活、工作、斗争的需要，竟使我再没有回归故乡。在二三十年代，我还间或回家乡探望母亲，而一九四〇年母亲的去世，终于切断了我与故乡连接的纽带；那正是风雨如磐的年代。"[②]木心生于一九二七年二月，整个二十年代茅盾回乡的情况姑且不说，细考其三十年代的行踪，则先后于一九三二年五月和八月、一九三三年七月、一九三四年春和秋、一九三五年九月及一九三六年十月回过乌镇。详情对照如下：

一九三二年木心六岁，已进入乌镇东栅集贤小学就读。本年茅盾两次回乡，五月那次是将母亲从上海送回乌镇，回上海后根据这次回乡见闻写成《故乡杂记》。八月那次是因为祖母去世，携夫人孔德沚及两个孩子回乌镇奔丧，后又根据此次回乡积累的素材写成《春蚕》。

一九三三年木心七岁，本年父亲去世。本年七月下旬茅盾携全家回乌镇参加祖母逝世一周年的除灵埋葬仪式，待了一周时间。

一九三四年木心八岁，已开始习画。本年春茅盾再次将母亲从上海送回乌镇，并请泰兴昌纸店经理黄妙祥负责翻修老屋后院的三间平房，茅盾还亲自画了一张新房草图。秋后房子修好，茅盾亲自回乌镇验收。

一九三五年木心九岁。本年九月茅盾回乌镇住了两个月，就住在新翻修后的平房。期间创作了中篇小说《多角关系》。

一九三六年木心十岁，曾一度到祖籍地绍兴。本年十月十四日茅盾回乌镇，约待了十天。其间痔疮发作，不能行动，以致在得知本月十九日鲁迅去世的消息后也无法赶回上海参加鲁迅的治丧活动，可见病情之严重。

据茅盾回忆，一九三〇年他从日本回国后，其母陈爱珠

“就迁回乌镇定居，但每年必来上海过冬，因此我每年至少要回一次家乡，或者接母亲来上海，或者送母亲回乌镇。每次大约一周至十天左右”[③]。之后，因抗战的爆发，母亲的去世，国内革命形势的变化，茅盾辗转奔波，从此再未回过故乡。

八十年代，木心作《塔下读书处》一文，记述了他对茅盾的印象、评价以及彼此间曾有过的交往。其中谈到抗战后木心到上海求学，一次黄妙祥的独生子阿全自乌镇来，约木心去茅盾家“叙旧”，当木心表现出不大乐意时，阿全再次鼓动说：“雁冰还记得，我提起你，他说‘是不是那个直头直脑的’。”[④]可见他们一早是见过面的，况且木心还记起曾问过茅盾“是不是在日本真的开过豆腐店”这样的问题。大革命失败后茅盾曾于一九二八年（即木心出生后的第二年）七月东渡日本，在日本度过了一年零十个月的亡命生涯。

根据以上对茅盾回故乡行踪的梳理和木心《塔下读书处》一文中的描述，木心确曾于少年时就在乌镇见过茅盾。当时木心称他为“德鸿伯伯”，但这只是邻里之间的一种亲昵的称呼，并不能说他们之间就有亲戚关系。由于木心当时年龄尚幼，交往和交流一定不会深入，彼时茅盾在木心心中更多的是邻里“口碑上”的印象：

当已经成名的茅盾坐了火轮船，卜卜然地回到故乡乌镇，从来惊不皱一池死水，大家连“茅盾即沈雁冰”的常识也没有，少数通文墨者也只道沈家里的德鸿是小说家，“小说家”，比不上一个前清的举人，而且认为沈雁冰张恨水顾明道是一路的，概括为“社会言情小说”，广泛得很。

茅盾回家，旨在省母，也采点《春蚕》《林家铺子》这类素材。他不必微服便可出巡，无奈拙于词令，和人兜搭不热络，偶上酒楼茶馆，旁听旁观而已，人又生得矮瘠，状貌像一小商人，小商人们却不认他为同伙。

在乌镇人的口碑上，沈雁冰大抵是个书呆子，不及另一个乌镇文人严独鹤，《申报》主笔，同乡引为光荣，因为《申报》是厉害的，好事上了报，坏事报上了，都是天下大事，而小说，地摊上多的是，风吹日晒，纸都黄焦焦，卖不掉。⑤

无论是小说家比不上前清举人，也不及《申报》主笔，大抵是个书呆子，还是以貌取人，说他拙于辞令，和人兜搭不热络，这些都是市井街坊间惯常的观人视角和评判标准。另外还提及几件令茅盾颇为窘迫的事。其中一件是有人慕名来找茅盾，缘亲攀故地恳求茅盾为他做一张状纸，茅盾再三推辞不过，只得允承，勉强为之。因茅盾确实不擅此门径，再加上招来土律师的职业性嫉妒，“沈雁冰不会做状纸”一时疯传，成了乌镇缙绅间历久不衰的话柄。

茅盾给木心留下清晰印象的，还是木心在上海求学期间的两次见面。木心说是“在文艺界集会见到茅盾先生”，感觉“老了不少，身体还好”⑥。考察茅盾的履历，他一九四六年六月初由香港回上海，住在山阴路大陆新村。木心所说的“文艺界集会”有可能是本年十月十九日下午于辣斐大戏院由中华全国文艺界协会等十二个文化团体联合举办的鲁迅逝世十周年纪念大会。此次集会是鲁迅逝世十年来上海举行的第一次正式的也是最隆重的纪念活动，一时名流云集，茅盾之外计有周恩来、邵力子、郭沫若、叶圣陶、柳亚子、沈钧儒、许广平、马叙伦、邓初民、夏衍、冯乃超、于伶、丁聪、袁鹰等。

此次集会很多人都发表了演说，其中尤以周恩来的出席和演讲影响最大。茅盾演说时因是乌镇口音，特别是“兄弟，兄弟”的口头禅给木心留下了特别的印象。当他与阿全到茅盾家再次见到茅盾时还就其演说时的“窘困之状”提出了自己的看法，他是希望茅盾有办法摆脱演说时吃力的困境。

一九四六年木心已进入上海美术专科学校西画系就读，此时上海美专的学生运动异常活跃，作为学生会骨干的木心亦积极参与其中。据现有资料显示，本年四月，陈沙兵、葛克俭、夏子颐在上海美专成立了中国共产党上海美专党小组。在党小组的引导和组织下，上海美专的学生举行和参与了一系列的进步活动，其中一项就是结合中国木刻协会（即抗战时期的“中华全国木刻界抗敌协会”）的活动，组织学生参加了鲁迅逝世十周年纪念大会。木心作为活跃分子随同学们一起参加了此次集会。

二

木心与茅盾见面的次数不算多，两人的交流亦十分有限。但有一件事令木心受用一生，那就是木心在乌镇时频频到茅盾家中借阅藏书，“把凡是中意的书，一批批拿回家来朝夕相对”[⑦]。据木心自述，他早在三十年代就在茅盾书屋见到过北欧的译本，也就是说借书的最早时间是在三十年代。

少年木心痴迷于阅读古今中外的书籍，用他的话说少年时“我的‘自救’，全靠读书，‘书’是最神奇最伟大的”[⑧]。他一边在家人和家庭教师的指导下系统地阅读传统经典，同时从茅盾的藏书中读到不少外国作品集。所以他说，“少年在故乡，一位世界著名的文学家的‘家’，满屋子欧美文学经典，我狼吞虎咽，得了‘文学胃炎’症，后来想想，又觉得几乎全是那时候看的一点书”。[⑨]更令木心感到意外的是，他不仅在

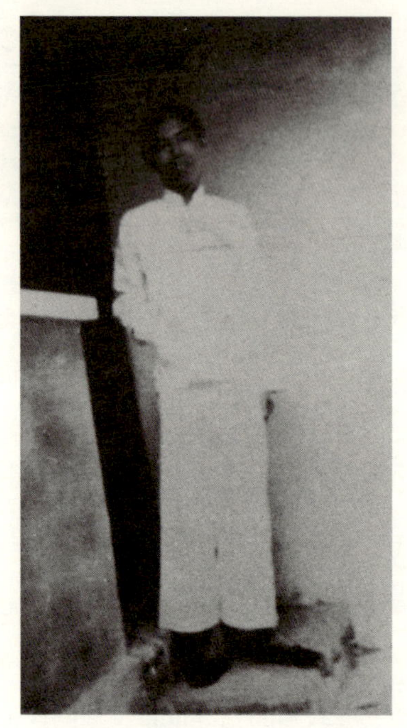

一九三四年茅盾摄于“茅盾书屋”前

茅盾的藏书中见到许多带着外国作家和中国五四新文学作家手迹的签赠本，好多古籍上也有经茅盾阅读后留下的圈点、眉批和注释：

> 世界文学经典是诚惶诚恐的一类，高尔基题赠、巴比塞们签名惠寄的是有趣的一类，五四新文艺浪潮各路弄潮儿向茅盾先生乞政的是多而又多的一类，不少是精装的，版本之讲究，在中国至今还未见有超越者，足知当年的文士们确凿曾经认真，曾经拼力活跃过好一阵子。古籍呢，无甚珍版孤本，我看重的是茅盾在圈点、眉批、注释中下的工夫，茅盾的传统文学的修养，当不在周氏兄弟之下。看到前辈源远流长的轨迹，幸乐得仿佛真理就在屋脊上，其实那时盘旋空中的是日本轰炸机，四野炮声隆隆，俄而火光冲天，我就靠读这许多夹新夹旧的书，满怀希望地度过少年时代。[10]

书上留下的这些文学前辈的手迹，对于一位文学少年来说显然发生了某种潜移默化的影响，在少年木心的心中埋下了带着温情的文学种子。木心曾说“老家静如深山古刹”，是“书本告诉我世界之大无奇不有”，而“丰富的人生经历是我所最向往的”[11]。可以说茅盾藏书的阅读引领，打开了木心的心灵世界，将他的目光引领到了更为广阔的文学视野，也安顿了少年躁动而又无处安放的青春。

正因为茅盾的藏书满足了少年木心的求知欲望，木心是把茅盾家当作自己的“福地”的，乃至到了晚年依然对心中的这块福地有着清晰的记忆：

> 沈家的老宅，我三日两头要去，老宅很普通，一层楼，砖地，木棂长窗，各处暗沉沉的，再进去，豁然开朗，西洋式的平房，整体暗灰色调，分外轩敞舒坦，这是所谓“茅盾书屋”了，我现在才如此称呼它，沈先生不致自名什么书屋的，收藏可真丰富——这便是我少年期间身处僻壤，时值战乱，而得以饱览世界文学名著的琅嬛福地了。⑫

木心能够如此顺当地借得茅盾的藏书事出有因，原来“那年月，沈宅住的便是茅盾的曾祖父特别信任的黄妙祥一家人……黄家住着就是管着，关于书，常有沈氏别族子弟来拿，不赏脸不行，取走则等于散了，是故借给我，便算是妥善保存之一法”。⑬再加上木心对这些书爱护有加，对破损的还会动手“补缀装订”，所以黄妙祥很是放心，还夸木心说他看过的书比没有看过的还“整齐清爽”。

其实，黄妙祥与孙家既是老乡又是世交，还沾亲带故，有点亲戚关系。首先他们都是绍兴迁居乌镇的移民，而孙家是从木心的祖父孙秀林时迁到乌镇的。早在光绪末年，黄妙祥就牵头联络同样迁居乌镇的宁波人，在乌镇中市十三房头建造了一座宁绍会馆。此处遂成为“绍兴帮”的议事之所，也供客死他乡的宁绍同乡暂时停放灵柩。“宁绍会馆也是‘宁绍帮’联络的枢纽，不但贫富相济、有难同当，而且子女嫁娶，首选的也是同乡人。宁绍会馆的营建和运作，孙秀林也出了不少钱和力。”[14]孙秀林与黄妙祥既是同乡，又同样热心公益，可知交情不浅。到了后来木心大姐孙彩霞的婚事也是经黄妙祥介绍的，嫁给了在南浔当纸店伙计的王济诚。王济诚也是绍兴人，为人朴实勤俭，不久就去杭州与人合伙新开了家纸店。木心自己也说他叫黄妙祥为“妙祥公公”，他的二表哥还是“黄门女婿”。由此看来，孙、黄两家才是姻亲关系，而黄家人为木心大开茅盾书屋的方便之门完全就在情理之中。

这位黄妙祥其实和沈家特别是茅盾本人也有着亲密的关系。茅盾的曾祖父沈焕还在汉口经商时，曾汇款回家让长子沈恩培（茅盾祖父）开了一家泰兴昌纸店。纸店坐落于乌镇镇中心的应家桥北堍下岸，两间店面面街临河，以经营纸张、摺簿、锡箔为主，同时内设刻字柜，由一位姓傅的师傅经营。开店伊始，纸店的经理是沈焕的一个侄子，沈培恩则负责监督业务。但两人均不善经营，待一八九七年底沈焕回乡安度晚年时，盘查店务后撤了两人的职，同时提拔了当时只是纸店刀手（切纸工）的黄妙祥为经理。沈焕于一九〇〇年秋逝世，三子分家后泰兴昌归沈恩培所有，但沈恩培无意经商，仍由勤勉的黄妙祥继续任经理。

一九三三年七月下旬，茅盾回乌镇为去世一年的祖母除灵，发现老屋后面的三间平房已经坍塌，出于想“躲到这里写作”的目的，与夫人孔德沚商量后决计进行翻修。对于翻修旧屋，孔德沚还补充了一条理由：“房子修好了，妈妈可以搬进去住，你那一大堆洋装书，也可以搬一些到乌镇存起来，免得搬一次家受一次罪。”[15]于是第二年春，茅盾又一次送母亲回乌镇时就把仍是纸店经理的黄妙祥请来，同他商量翻修后院这三间平房的事。在精明能干的黄妙祥的亲自操持下，历时半年左右房子终于于一九三四年秋后盖好。茅盾亲自回乌镇验收，对屋子和黄妙祥的才干均表示出了满意和赞许。随后的冬天和第二年的春天，孔德沚上海、乌镇之间跑了几趟，从上海运回了一批家什和十几箱书，据茅盾回忆，其中包括一套商务印书馆出版的百衲本二十四史。

和绝大多数被毁的书籍一样，茅盾的乌镇藏书同样难逃毁于天灾与人祸的命运。一九四六年茅盾从香港回到上海后本打算回乌镇一趟去祭拜母亲的坟墓，但一直抽不开身，拖到七月才决定让孔德沚一人先回去。四五天后孔德沚回沪，带回了两箱已长霉点的洋装书，“告诉我，后院三间平房内的家具已荡然无存，都被三叔（沈叔庄）变卖了。这两箱书是从夹墙里取出来的。母亲去世后，三叔发现家里有那么多书，就害怕起来，耽心里面有抗日的内容，而这种书又不能卖，只好藏到夹墙里。几年下来，线装书都霉烂了，只剩下这些外国的洋装书”[16]。

木心对这批书一直也很惦记，毕竟温暖过他的童年和少年。身在大洋彼岸的他不知从哪里听闻乌镇要起造“茅盾图书馆”，一时勾起他对世事无常的感叹：“这是好事向上的事，可惜那许多为我所读过、修整装订过的书，历经灾祸，不知所终了，不能属于一代又一代爱书的人们了。”[17]

三

如前文中的访谈所引，木心觉得茅盾“有名气，但待人谦和”。这完全可以从一九四六年木心随阿全到茅盾家拜访，面对木心的“一味莽撞”而茅盾始终保持长者宽厚谦和的态度中看得出来。木心自己事后反思说，“之所以肆意发问，倒是出于我对茅盾先生有一份概念上的信赖，不呼‘伯伯’而称‘先生’，乃因心中氤氲着关于整个文学世界的爱，这种爱，与‘伯伯’‘蜜橘’‘题字’是不相干的，这种爱是那书屋中许许多多的印刷物所集成的‘观念’，‘观念’就赋我‘态度’”[18]。

木心对作为乡里前辈茅盾的态度是尊敬的，但木心对茅盾的文学创作确实又保留了个人的看法。这种看法具有两面性。首先，木心认为“茅盾的文学起点扎实，中途认真努力过来，与另外的颓壁断垣相较，就俨然一座丰碑”[19]，这是木心从文学史的角度对茅盾地位的肯定。但木心也有犀利的一面，他认为茅盾这一代文学家担当着继往开来的历史使命，可文学创作的实绩并没有达到预期的高度：

> 《幻灭》《动摇》《追求》时期仅是个实验。《子夜》时期，成则成矣，到头来远几步看，那是一大宗概念的附着物。《腐蚀》时期，茅盾渐臻圆熟，然而后来，后来呢，五十年代，六十年代，七十……应是黄金创作期，他搁笔不动，直到日薄西山，才匆匆赶制回忆录，可谓殚精竭虑，实则文学之余事，他所本该写、本能写的绝不是这样一部烦琐的自然主义的流水账，文学毕竟不是私人间的叙家常，叙得再细致也不过是一家之常而已。[20]

显然，木心对茅盾的文学创作充满了惋惜，但他并没有把所有的责任都推到茅盾个人身上，他很清楚造成这一辈作家在黄金创作期却搁笔不动的原因是什么。因为木心自己就是过来人，如人饮水，冷暖自知。

木心对茅盾文学成就的苛刻，源自他对包括五四新文学在内的整个二十世纪中国文学的成绩总体评价不高。他认为“这一百年是文学的荒年”[21]，而“五四新文学是民族文化断层的畸形产物，师承断了……所谓新文化时期中国文学，匆匆过客，没有留下可与西方现代文学相提并论的作品”[22]。所以木心用“看不下去”来表达自己对这些作品的态度，在讲世界文学史时也没有将中国的二十世纪文学作为专题来讲，只是偶尔提及罢了。

注释：

①曾进：《海外作家木心独家专访：“我不是什么国学大师”》，二○○六年三月五日《外滩画报》。

②《可爱的故乡》，《茅盾全集》第12卷《散文二集》，钟桂松编，黄山书社二○一四年三月版，第615页。

③《〈春蚕〉〈林家铺子〉及农村题材的作品》，《我走过的道路（中）》，茅盾著，人民文学出版社一九八四年五月版，第130页。

④⑥⑦木心：《塔下读书处》，《木心谈木心：〈文学回忆录〉补遗》，木心讲述、陈丹青笔录，广西师范大学出版社二○一五年八月版，

第31页。

⑤木心：《塔下读书处》，《木心谈木心：〈文学回忆录〉补遗》，木心讲述、陈丹青笔录，广西师范大学出版社二〇一五年八月版，第27页。

⑧李宗陶：《木心：我是绍兴希腊人》，《南方人物周刊》，二〇〇六年第26期。

⑨《海峡传声》，《鱼丽之宴》，木心著，广西师范大学出版社二〇〇九年一月版，第20页。

⑩木心：《塔下读书处》，《木心谈木心：〈文学回忆录〉补遗》，木心讲述、陈丹青笔录，广西师范大学出版社二〇一五年八月版，第30～31页。

⑪《海峡传声》，《鱼丽之宴》，木心著，广西师范大学出版社二〇〇九年一月版，第21页。

⑫木心：《塔下读书处》，《木心谈木心：〈文学回忆录〉补遗》，木心讲述、陈丹青笔录，广西师范大学出版社二〇一五年八月版，第29页。

⑬木心：《塔下读书处》，《木心谈木心：〈文学回忆录〉补遗》，木心讲述、陈丹青笔录，广西师范大学出版社二〇一五年八月版，第30页。

⑭邵传统、王松生、徐家堤：《东栅孙家厅：绍帮移民孙秀林和其家

人》，《乌镇掌故续编》，徐家堤主编，珠海出版社二〇〇六年七月版，第187页。

⑮《一九三五年记事》，《我走过的道路（中）》，茅盾著，人民文学出版社一九八四年五月版，第269页。

⑯《抗战胜利后的奔波》，《茅盾全集》第36卷《回忆录二集》，钟桂松编，黄山书社二〇一四年三月版，第660～661页。

⑰木心：《塔下读书处》，《木心谈木心：〈文学回忆录〉补遗》，木心讲述、陈丹青笔录，广西师范大学出版社二〇一五年八月版，第37页。

⑱⑲⑳木心：《塔下读书处》，《木心谈木心：〈文学回忆录〉补遗》，木心讲述、陈丹青笔录，广西师范大学出版社二〇一五年八月版，第36页。

㉑《文学回忆录》，木心讲述、陈丹青记录，广西师范大学出版社二〇一三年一月版，第490页。

㉒《文学回忆录》，木心讲述、陈丹青记录，广西师范大学出版社二〇一三年一月版，第427页。

新发现的五帧木心旧照

一

这次新发现的五帧木心旧照，均出自《王伯敏美术史研究文汇（第三编）》，此由中国美术学院编，中国美术学院出版社二〇一三年九月出版。该编收录的是王伯敏的回忆录、年谱及图录，其中图录中包含有不少摄于四十年代的旧照，虽历经动乱仍保存完好，实属难得。

笔者之所以会关注到王伯敏的资料，是因为在乌镇东栅木心故居纪念馆的生平馆里展出了一帧木心与王伯敏等十二人或立或蹲在上海鲁迅墓旁的合影（图一）。据此，笔者才得知木心与王伯敏在青年时代曾有过交往。二〇一五年夏笔者在上海市档案馆查阅上海美术专科学校的档案时，又意外发现木心与王伯敏两人的成绩单均赫然在列，这才得知他们是求学上海美专时同一个专业的同学。

图一

二

这五帧旧照均摄于二十世纪四十年代的上海，照片中的人物均为上海美专的学生，其中每一帧中均有木心和王伯敏的身影，这里有必要先交代一下两人的关系。从现有资料来看，木心与王伯敏在学生时代交往颇为密切，这可从当年他俩之间的几件往事中略窥一斑。

一件就是上文提到的一九四六年十一月二十五日，他们一起前往上海郊区的万国公墓瞻仰鲁迅墓。此次除了发现图一外，还另外发现了一帧拍摄于同一时间但十二人均为站姿的同款照片（图二）。后来又从陈丹青先生处得知，图一出自山东画报出版社编印的《老照片》中，为此笔者又从《老照片》第三辑中找到了王伯敏的《瞻仰鲁迅墓》一文（又收录《老照片（珍藏版）》）。此文即是围绕此帧照片而写，因是当事人的回忆，史料珍贵，现将相关内容选录如下：

> 一九四六年十一月二十五日这一天，我们男女同学事先约好，三三两两分头去上海郊区的万国公墓，瞻仰鲁迅先生。当时白色恐怖，大家的行动，无不小心翼翼。临出发时，年长一点的同学夏子颐（当时是地下党员）告诉大家："一定要注意盯梢的人，如果在中途甩不了可疑的盯

图二

稍特务，宁可回校，装作没事，千万不能再前往。”幸好这天没事，大约十时许，大家陆续到齐了。

在墓前，我们向鲁迅像行三鞠躬礼，然后我们合影留念。①

木心是一九四六年一月进入上海美专就读的，此照的拍摄时间是木心进入上海美专的第二个学期，如按当时上海美专的学年计算则是民国三十五年度第一学期。此时木心进入上海美专已经将近一年时间，一年来木心积极投身于方兴未艾的学生运动中，其表现之活跃至今鲜为人知。

一九四六年是鲁迅逝世十周年，在瞻仰鲁迅墓之前的十月十九日下午，中华全国文艺界协会等十二个文化团体于辣斐大戏院联合举行了规模宏大的鲁迅逝世十周年纪念大会。此次集会是鲁迅逝世十年来上海举行的第一次正式的也是最为隆重的纪念活动，一时名流云集。木心与上海美专的同学也参加了此次大会，而十一月二十五日的冒险扫墓则是他们进一步寄托哀思的单独行动。

第二件与王伯敏的一个笔名有关。据王伯敏晚年回忆，其笔名“田宿蘗”即是木心当年为了保护他，主动帮他取的：

我的笔名，一度用过“田宿蘗”，这是同学孙牧心

> 给我起的。当时，民主运动高涨，“白色”恐怖。他知道我买了不少进步书籍，出于好心，将我所买的进步图书，只要有“王伯敏”签名的，一一添加笔画。如“王”，两旁加两竖，即成“田”；又 “伯”字，上加宝盖头，即成“宿”；又“敏”字，上加草字头，下加“系”，即成“蘩”。同学们无不以为妙。[②]

由此可见，玩文字游戏，向来就是木心的喜好和强项，其奇思妙想，当年就受到同学们的赞赏。在王伯敏的描述中，我们还可以得知青年木心此时的思想状况：

> 这位姓孙的同学，是浙江桐乡乌镇人，穿着整齐，喜欢读尼采的诗，有点才气，是一个自由主义者，但又积极参加学生会的民主运动，声言要做个无党无派的革命者。有的同学说他有“小资产阶级的狂热病”。他不以为然。他宣扬“世界上只有善、恶，美、丑，光明、黑暗的区别，没有阶级的区别”。[③]

王伯敏的这段话，笔者认为其重要性在于指出了青年木心“自由主义者”的思想倾向，特别是“声言要做个无党无派的革命者”。这就解开了一直困惑笔者的一个疑问，那就是木心青年时代虽然积极投身于革命，并与中共地下党交往甚密，还有过多次合作共事的经历，但他始终没有加入任何党派。当新

图三

图四

图五

图六

政权建立以后，这或许正是有过革命经历的木心并没有受到新兴政权垂顾的原因所在。

三

除了木心和王伯敏，图一、图二中的人物还有张小泯、方莉莉、葛克俭、丁洁因、汪伦英、林晓丹、陈沙兵、冯方晖、夏子颐和郑奇丙。

此外还有四帧旧照，图三、图四据王伯敏标记均摄于一九四六年秋，画面人物图三有孙牧心、王伯敏、史济利、葛克俭、陈曼声、林克松等，图四有孙牧心、王伯敏、葛克俭、陈曼声、林克松、张怀江、丁洁因、赵荆等。

图五、图六据王伯敏标记均摄于一九四七年（其中图五为该年秋），画面人物图五有孙牧心、王伯敏、顾生岳、汪伦英、史济利、张怀江等，图六有孙牧心、王伯敏、张怀江和夏子颐。

木心的这些美专同学中，以陈沙兵、葛克俭和夏子颐最为活跃。三人早年参加过抗日救亡运动，还从事鲁迅所倡导的新兴木刻运动，进入上海美专后又都加入了中国共产党，并于一九四六年四月一起成立了中共上海美专党小组。一九四六年至一九四八年期间上海美专的多数学生运动，就是在这个党小组的领导下展开的，其中就包括组织美专学生参加鲁迅逝世十周年纪念大会和到万国公墓祭扫鲁迅墓。

值得一提的是，夏子颐系夏承焘的侄子，一九四六和一九四七年间，木心、王伯敏均与夏承焘有过亲密的来往，笔者曾作有《木心与夏承焘的“忘年交”》一文对木心与夏承焘的来往做过介绍，此不赘述。而王伯敏与夏承焘的交往在《王伯敏美术史研究文汇（第三编）》中亦有回顾，因与本文无关，在此一并从略。

这五帧照片，均是在木心逝世后被发现，这次又因从王伯敏之子王大川先生处找到原照，得以向世人呈现高像素的图像，无疑丰富了青年木心的影像资料，所以显得弥足珍贵。

注释：

①王伯敏：《瞻仰鲁迅墓》，《老照片（第三辑）》，山东画报出版社一九九七年八月版，第105页。

②③《上海求学》，《王伯敏美术史研究文汇（第三编）》，王伯敏著，中国美术学院编，中国美术学院出版社二〇一三年九月版，第79页。

与陈丹青笑谈木心

二〇一四年三月九日下午，按约定时间与王净、张天杰、余兮等书友一行十三人第一次走进乌镇木心花园。从后门进入，陈丹青等已在餐厅等候，由王净做简要介绍，一一握手寒暄。与我握手时，陈老师说："噢，夏春锦，你的年谱做得好，我说这次一定要见到你的。"起初大家有些拘束，但因陈老师的随和，又很自然地围绕木心先生及其作品交流起来。陈老师也向大家介绍在场的代威、匡文兵以及一位特意从英国赶来探访木心故居的建筑学博士，提出先带大家参观正在布展中的纪念馆。

陈老师每到一处，就自觉地充当导游。大家围绕木心及其故居的问题也一下子多起来。对于大家的问题，陈老师总能不厌其烦地一一答复，音调不高，语速舒缓，显得谦逊而又彬彬有礼，一点名人的架子也没有。这与媒体的诸多访谈中他给人言论猛士的印象大相径庭。转过厅堂，中堂的桌上摆放着一幅木心的照片，门外亭台池榭涌入眼帘。从两个池塘之间的小径穿过，头顶上不知名的灌木已经开出碎花。转过身去欣赏着眼前一派春意萌动的景象，陈老师感慨地说起一九九五年独自一人到这里探访时的情景，每每提及陈向宏，均称之为"向宏"，对其为木心先生所做的一切语带感激和赞赏："当时这里就是一个破败的厂房，但向宏很有魄力，在知道木心先生不久就随即把厂房移走了。"

说话间已到文学馆，桌面上或摆放或堆叠着木心各个时期的照片。再经过一个天井，便来到绘画馆，正上方悬着一块木心自题的"卧东怀西之堂"匾额，四面墙全部粉刷一新，挂着按原比例高仿的木心先生画作。陈老师说这些是他专门请北京的一家机构做的，效果不错。真迹都放在美术馆里，估计今年（二〇一五）年底可以对外开放，这里则夏天就可以开放。迎面见到我，又一次提及年谱，说："最前面是家族馆，到时还要参考你的年谱，你是怎么做到的，简直是公安局的嘛。"众人听后齐声哄然大笑。其实我的工作还只是刚起步，木心对于我们来说仍然是个谜。

穿过一处天井，便来到家族馆，中间挂着一张众人熟知的全家福。据陈老师估计木心那时差不多四五岁的样子，他为我们比画照片中每个人的身份。他说原照很小，是请人翻拍放大的。家族馆目前只有照片，陈老师也为找不到木心先生更多的家族资料而苦恼。大门紧闭，边上留出一个侧门，因为外面正对着客流密集区，为此陈向宏毅然将隔壁的一家糕点店搬走，这样就减少了喧闹。他们的细心与较真，让人感觉似乎木心还生活在这里。

折回文学馆时大家聊起木心先生的日常生活，如吸烟、绘画用纸等。众人知道的就争先恐后地你一言我一语互相补充，企图描绘出一个完整的木心。据说他对香烟的牌子不大讲究，但烟瘾大，最多时一天能吸五十支以上。我于门边地上见到一幅木心的书法，注目许久，陈老师见到后说木心绘画写字不用宣纸，他曾送他宣纸，他说不要，他要用光纸写作、作画，这样写字的难度就更大。

天色已晚，陈老师招呼大家往子夜酒店，请大家用餐。很大的圆桌，陈老师进来后就在背对着门口的座位坐下。我正要在隔他约三四个座位的椅子坐下，他看着我，叫我坐到他边上，有话要说。一坐下，大家的问题又接二连三地多起来。陈老师不忘招呼大家先吃饭，边吃边回顾起了与木心的交往过程，两人最早是在纽约的地铁里相遇，经在场的一位朋友介绍，互相打了招呼，但彼此未做进一步交流。直到有一天陈老师在华人办的一份报纸上读到木心的文章，这才径自找上门

陈丹青与桐乡的木心读者交流，左三为作者（余兮摄）

去，开始定交。他找《梧桐影》，我递给他一本，说要好好对一对杂志里的作者。他说花了两个晚上，仔细阅读了《梧桐影》纪念专辑里的每一篇文章，跟先生有关的文字，他都会去看。“木心说，要像寻仇人一样寻朋友，我也要像寻仇人一样寻木心的读者，在座各位都是‘仇人’”。又引来一阵欢笑。他每翻到一篇文章，就问作者是哪一位。见到在场的，还能说出文章里的内容，与他交流几句。

他说木心写出新的东西，总要给他看，详细地解释每一句的写法和表达的意思。可惜自己对现代诗不懂，未能和木心就此进行深入的交流。木心写了东西反复修改，现在一大堆手稿待整理，没有标注日期，不清楚哪个写于哪个时期，也不知道哪一稿他最满意，如何出版是个麻烦的问题。陈老师还提到，木心买来新衣，回家后会自己动手进行修改，还要穿上给他看，做着动作向他展示。

陆明说自己心中最倾慕的作家是周作人、汪曾祺，之后就是木心。读木心的诗，常常手边放着词典。陈老师插话，木心写作时手边也放着字典，但不是《汉语词典》，而是《康熙字典》，他上厕所时就喜欢读《康熙字典》。陈老师说木心最推崇的中国现代作家是鲁迅，鲁迅是木心日常生活中经常挂在嘴上的话题，木心曾说可惜鲁迅不认识他，不然他们可以聊得很欢。木心二十岁上下在杭州时认识鲁迅的朋友许钦文，他们住在一个宿舍里，一次许钦文去看木心，背着手，门一开笑嘻嘻地亮出一个葫芦，送给木心改善伙食。木心与痖弦有一段时间通信较频繁，痖弦很看重木心，还开过木心作品的研讨会。邹汉明提出读者与作者见面需要缘分的问题，他也曾想去见木心，但终究没见成，大家也表示了木心晚年读者不易见到他的遗憾。陈老师解释说这点陈向宏事后也有反思，因为过于考虑到怕拜访者打搅木心的生活，以致把那些本应该和木心可以有深入交流的读者也大多给挡在了门外。木心很渴望与读者交流，但木心已逝，去世二周年纪念专号特意从遗稿中选出一部分文字放在各辑前，以此向读者作出回应。陈老师说木心很害羞，有一次拜访者在木心对面坐下后表示自己很紧张，木心也说了一句“我也紧张”。陈老师说这句话是真话，最能看出木心的害羞。聊到《文学回忆录》，文字是他亲手输入电脑的，出版的内容大约是原稿的四分之三，还有大概两万字，是木心应听众的要求讲自己文章创作的内容。之所以没出版，是担心人们会为此而攻击木心，说他自视过高，讲文学史把自己的东西也讲进去。陈老师的担心令人动容，可以感受到他对木心先生的敬重和爱护。

我接二连三向陈先生提了好几个问题，他都一一作答。

“木心先生对您有哪些影响？比如在纽约听文学史课对您有什么具体的影响？”他略微沉思了一会儿，右手夹着一根香烟在嘴里，然后说：“因为与他太熟，他在世时真没有去想过这个问题。在他去世后，在写纪念文章时才开始思考。以后会慢慢写出来。”“第一个感觉是，他爱开玩笑，这点对我影响很大。”他说和木心在一起时整天就开玩笑，木心太好玩，和他在一起欢声笑语不断。在随后的交谈中想起我提的这个问题时，就又转向我说“他做事都是经过反复思考后才去做的，这点对我影响也很大”，“他还经常推荐书给我看，比如锺叔河编的周作人的集子”。

我又问：“木心在美国开始大量写作是不是出于生活负担的考虑？”他答：“不是，他的画在美国卖得很不错。但他不会按着市场去画画，他只画他想画的。”“我的文章从来不敢给他看，他常向我要，我就跟他打马虎眼。”

我又说从《文学回忆录》看木心读了很多书，他的藏书有多少。“五十来本”。大家对木心的阅读充满了兴趣，疑惑他的书是怎么读来的。

我又发出一个疑问：“《文学回忆录》您是怎么记录下来的？”答：“我是画画的，擅长速记。”为了使我们相信，他又补充说，先生语速也慢，整理时有些字太草，还是需要花时间辨认的。他还说曾经就有人不信，那天正好车里放着笔记本，他就去拿来给那位朋友看，终于信了。他还说自己看球赛，就可以马上把一个画面画下来，他用这来证明自己的速记能力。令人惊叹。

“木心纪念专号以后每年推出一辑，我会每年写一篇文章。你就做广西师范大学出版社浙江的编辑，我给你我的联系方式，凡是见到写木心的文章，你都寄给我。”

临走时，大家拿出带来的《文学回忆录》请他签名留念，他一一认真题签。我又请他在留言簿上留言，他写道：“感谢《梧桐影》，感谢《梧桐影》。丹青好高兴！”

听王奕谈舅舅木心及家族往事

王奕是木心的大姐孙彩霞和姐夫王济诚的第四个女儿，在她之前有两个姐姐和一个哥哥，分别是王剑芬、王宁和王竞，在她之后还有一个弟弟王韦。他们是木心的外甥和外甥女，从小与木心关系密切，有很长一段时间都朝夕相处地居住在一起。王奕原名王小明，名字是木心五十年代的时候给她改的。同一天被舅舅改名的还有二姐王宁和哥哥王竞，王宁原名叫王健芳，王竞原名叫王培名。为此木心很是得意，认为自己改过的名字比原来的都要好很多。他的改名之举也得到了大家的认同，于是姐弟三人从此都用上了舅舅取的新名字。

一

我们是从王奕的父亲王济诚开始聊起的，王济诚是绍兴人，当时在茅盾家的泰兴昌纸店做学徒，而这家纸店的经理正是绍兴老乡黄妙祥。黄妙祥与木心的

老年的王济诚

二十世纪六十年代孙彩霞在木心的住所

祖父孙秀林既有同乡之谊，又因同样热心于地方公益，遂成至交。在木心之父孙德润去世后，母亲沈珍便委托黄妙祥帮孙彩霞物色一个对象，要求要实诚一点的。黄妙祥因深知王济诚的为人，于是将其推荐给了沈珍。在王济诚之前，曾有人想将孙彩霞介绍给在上海经商的一个生意人，但沈珍没有同意，因为她觉得生意人是要娶小老婆的，不能让自己的女儿受委屈。

王济诚与孙彩霞结婚后担负起了孙家的账房先生一职，但因性格关系，干得并不是十分“称职”。他当时有一职责是代表孙家向佃户收租，有些佃户了解王济诚的为人，于是每次就对他热情款待，并向他反复诉说生活的难处，使得王济诚往往不好再开口催逼。王奕说当时孙家的田产达两千多亩。

没过几年，王济诚得到岳母沈珍的支持，带着她给的一千块钱到杭州与人合开了一家纸店。后来王家又搬到湖州与人合开了一家新华纸店，本钱也是沈珍出的，同样是一千块。两家纸店均为合股经营，由于王济诚每次投入的钱都不是最多，所以均未能成为纸店经理，而是屈居第二，相当于副经理的职位。

一九五二年，因纸店倒闭，王济诚失业。加之沈珍体弱多病，需人照顾，王济诚、孙彩霞夫妇遂打算带着儿女也搬到上海高桥。此时木心已在育民中学教导处任职员，正赶上学校规模扩大，要招聘美术和音乐教师。木心闻讯便向校方提出，希望能由他一人同时担任这两门课的任课教师，而把自己的教导处职员一职让给王济诚。对此校方提出了一个要求，那就是要看王济诚的字写得如何，因为进校后需要他负责刻印蜡纸。王济诚于是抄了一首诗寄去，校长一看便通过了。不久王家便从湖州搬来高桥，与木心和沈珍一起租住在沈家房子。王济诚于是从一九五二年至一九六三年（王敬钊编《上海市育民中学校史（一九四七～一九八二）》误作一九七三年）在育民中学任教导处职员，以后又调到凌桥中学工作。

二

聊过父亲，话题自然转到母亲孙彩霞的身上。孙彩霞在女儿王奕的眼中是一位古道热肠、心灵手巧的母亲。在我们的谈话中，她谈到更多的是母亲与舅舅之间的相处。

王奕说母亲孙彩霞与舅舅的关系非常好。木心的衣服总要拿去给姐姐改一改，姐姐去世后，他就自己动手改。孙彩霞也很会做针织，木心冬天喜欢戴绒线帽和手套，姐姐在世时都是她给织的。现存一帧木心约摄于六十年代、穿着一件高领粗绒毛衣拍的照片，身上的那件毛衣即出自孙彩霞之手。

在家里木心经常和姐姐讨论文艺方面的话题，王奕说他们聊到过梅兰芳、茅盾、丰子恺、林徽因。两人都很喜欢丰子恺的画。聊到梅兰芳时，木心说他“艺高胆大”，孙彩霞反问他：“你不也一样？”姐弟于是相视而笑。有时孙彩霞并不认同木心的观点，但从不与他争执，就以一声不响表达自己的态度。孙彩霞还是颇为忌惮自己的这位弟弟的，对其能处处忍让和迁就。王奕还提起一件小事，那时有一个学生要跟木心学画，他母亲很反对，于是跑到家里来希望孙彩霞去跟自己的弟弟说说。孙彩霞只能坦言自己可不敢跟他说，因为不仅丈夫王济诚的工作是他介绍的，而且三个小孩（指王剑芬、王宁和王竞）也都是外婆家养大的。

木心本来还有一位小姐姐叫孙飞霞，一次两个姐姐同时得了伤寒，因病情过重，均不省人事。家人在中医的建议下，把她们都放到铁板上，听天由命了。孙彩霞因命硬，又苏醒了过来。妹妹孙飞霞就没这么幸运。一九六四年的“四清运动”中，在乌镇的老房子里被人查出好几张地契，上面都写着孙彩霞的名字，原来那是娘家给她的嫁妆。后来孙彩霞被内定为地主，一九六六年王家正是因此而被抄家。

三

在我们的谈话中，还不可避免地要谈到其他家庭成员。比如外祖父孙德润，由于他早在一九三三年病逝于乌镇，王奕只能从长辈口中略微听说一点他的旧闻。王奕说她母亲很佩服外祖父，时常会念叨外祖父的好，还说他会作诗，而且作得很不错。孙德润经常会往外捐钱物，为此还曾被评为开明绅士。

外祖母很能干，凡事有自己的主意。在乌镇时，有一次隔壁的孔家着火了，外祖母表现得很冷静，还发动家人参与救火。孙家和孔家有一扇窗户是连着的，救火的时候沈珍一面叫人把佣人的被子放在水里浸好后挡在窗户上，一面亲自带着男女长工们去孔家救火。孙彩霞和丫鬟杏珍则被她安排留在家里，看守那扇窗户。

沈珍亦喜欢读书看报，但视力不是很好，得用放大镜，有一只木心买的放大镜现在还保存着。沈珍的身体也不是很好，老说胃疼，后来孙彩霞觉得应该是肝病，因为不久就肝病流行，何况沈珍心情不好时就老是要发作。一九五六年七月，木心首次蒙冤入狱后又引发了一次，这次特别严重，以致夺去了她的性命。沈珍有些积蓄，主要是金银细软之类，她有一包，女儿孙彩霞也有一包，是当年从乌镇出来的时候就带在身边的。王奕说外祖母每次去看病，她母亲都要拿去卖掉一些，以解燃眉之急。

王奕也特别提到大姐王剑芬和二姐王宁，她们的年龄都比她要大，和舅舅交流的也比较多。王剑芬与木心只相差七岁，他们两人小时候还要吵架。但彼此也有相像的地方，木心喜欢读《圣经》，王剑芬家里也到处放着《圣经》，王奕说这里面就有木心对她的影响。

王宁那时在高桥中学读书，是学校里的校花。木心的朋友李梦熊时常去高桥找木心，李梦熊很喜欢王宁，还教她唱歌，三人经常一起散步，木心喜欢穿着风衣，显得很洋气。李梦熊还追求过王宁，送过不少礼物给她。但王宁不同意，说自己年纪还小。王奕说李梦熊后来和木心关系不好，可能也有这个原因。王宁后来考进了上海外国语学院，毕业后在外文局北京周报社工作。

四

谈过以上这些人以后，我们又把话题集中到了木心的身上。在有关木心的回忆中，最早是四十年代末期的几件事。一件是木心将自己名下的田产半卖半送给了人，这也正是六十年代的“四清运动”中，在乌镇的老房子里木心名下没有被查出有地契的原因。另一件就是关于他去过台湾的往事。木心在台湾的详情王奕并不知晓，直到一九八一年搬家时家里的几个木箱引起了王奕的注意。父亲告诉她这些箱子是当年舅舅从台湾带回来的，里面装了不少东西，包括两条藤席、一些白盘子、一台留声机和几张唱片。说到藤席，王奕说他最近读到《木心谈木心》中的《塔下读书处》一文，发现舅舅二十世纪四十年代去茅盾家拜访时，对他们家的台湾藤席特别有好感，她认为这可能是受了茅盾的影响才买的。留声机和唱片在抄家时被抄走了，白盘子家里倒还有几只。木心很喜欢这些盘子，一九五七年后搬到浦西去住，每次回高桥，家里都要把这些白盘子拿出来用，菜烧的也比平时要好。而木心不来时，大家还是用回普通的蓝边碗。

访问快要结束时，我将木心的恋爱问题作为最后一个问题向王奕请教，她说当年也时常有人问起舅舅的婚事，母亲都说他的女朋友在台湾。我问是否是她母亲对她们开玩笑，她说不像是开玩笑的语气。如果真是这样，那么木心与台湾之间的故事只怕还要丰富许多。

回来后木心进入了浙江省立杭高教书，对木心的这段经历王奕不是很了解，只说在那里教了大概半年书就不教了，随后就到莫干山休养去了。对此外祖母沈珍曾批评过舅舅，说他很犟，想必是劝说过他，但没有听进去。

当时他们一大家子租住在老诗人沈轶刘家里，家人习惯称之为沈家房子或沈家大院，地址是高桥镇高沙路九十一号。

那时木心与潘其鎏来往密切，潘其鎏还到木心这里住过一段时间。王奕说当时他们分居楼上和楼下，楼上有三间，木心、沈珍、王宁、潘其鎏都住在楼上，其他人则住在楼下。

因为沈轶刘是一位老诗人，而且也是夏承焘的朋友，我特别向王奕询问了他与木心之间的交往情况。王奕说没见过他们之间有诗词的唱和，但两人关系挺好，彼此尊重。王奕特别提到，沈轶刘的厕所除了木心别人都不可以用。他们交流不多，但每回相遇总是彬彬有礼，彼此点头致意，显得很客气的样子。

我又将话题引到了木心在育民中学的工作情况。王奕说当时育民中学没有钢琴，校方正在为此而伤脑筋时，木心便自告奋勇说他家里有一台可以用，于是学校就以每个月三十块钱的租金把钢琴租下了。此举后来也成了木心的罪名之一。这是一台名牌钢琴，制造于一九四九年以前，是木心搬家时从杭州搬到上海来的。但据说钢琴的质量不是很好，因为订制时已经付了钱，随后物价飞涨，在成本提高的情况下，生产商只得降低生产材料的质量，从而使自己不至于亏本。

聊过钢琴，王奕突然转身指着身后的一张木制的书桌说:“这张桌子也是当年从杭州搬来的。”我们闻知，惊讶不已。王奕说当年舅舅住在杭州的皮市巷，桌子原来还有一个搁脚的，经多次搬家后已经不见了。我们忙起身过去细看，王奕竟又从桌子下的暗格里取出一个皮夹，说也是木心五六十年代使用过的。我们拿来细瞧，发现还是进口货，产自芬兰，除开口处因损坏被剪刀剪过外，色泽还很正常，表面竟无一点脱皮。此外还找出四条结实的木凳，做工颇为精致。王奕说这些木凳是当年她母亲让他父亲去杭州托运回来的旧家具，如今物是人非，令人唏嘘不已。

我因为对木心在育民中学期间的具体工作情况很感兴趣，于是向王奕表示，希望能够找到几位当年的老师或学生，以便向他们了解情况。王奕说有时在街上还能遇见几位舅舅当年教过的学生，他们都称呼舅舅为“孙先生”。木心的同事他主要提及两位，一位是语文教师张敏东，说他和木心很要好，有共同语言，在得知木心出国后还到家里来要过联系方式。但也有对木心心存偏见的，比如有一位历史教师，就视木心为怪人。王奕说他们家要数他父亲对舅舅最佩服，说有一次王济诚去代课，上课纪律极差，木心只是到窗口一站，班级里顿时便鸦雀无声。她的意思是当年学生对木心还是很敬畏的。

木心在育民中学的时候每个月的工资是九十八元，他拿出六十元给姐姐孙彩霞补贴家用，自己只剩三十八元。那时他还要自己画画，买颜料和画布，个人的花销也不小。但因为另外还有三十元的钢琴出租费，所以手头还比较宽裕。王奕说五十年代木心画的画大多数是黑黑的，用画笔和颜料画，不画人，也不画鸟，但画面中有树、有山。印象中他的画跟人家很不同，与现在画册里的画风格比较相近，但又不完全一样。

王奕在谈到木心早年的绘画时，为我们提供了一个很重要的信息。她说有一次下雨天木心从市区回高桥，穿着雨鞋，踩在地面上，发现脚下出现了别样的花纹，这引起了他的注意。受此启发，他一回到家里就向孙彩霞要了一块玻璃，把墨汁涂到玻璃上，弄了些图案后，再把纸盖上去，就“印”出了一张很独特的“画”。接着木心又用各种各样的颜料来“画画”，发现效果很不错。王奕当时就站在边上，她指着画评论说“山清水秀”，木心很意外，笑着夸她：“你还是有点鉴赏能力嘛！”我听后有些兴奋，猜测这有可能就是木心转印画最初的来源。看似无师自通，其实这个“师”就是日常生活中的一个偶然因素，却被敏感细心的木心捕捉到了，成为其转印画创作的灵感。王奕说家里现在还有一只木心用过的画笔，这几天在找，但一直没找到。后来孙彩霞因被内定为地主而被抄家。王奕说这次抄家连累了舅舅的房间也被抄了，木心被抄走最多的是书，而被抄走的稿子中有不少是乐稿，都是他在部队里写的歌曲。

木心是一九八二年八月末出国的，而这一年的春节是在该年的一月份，他是回到高桥和姐夫一家一起度过的。这次回来，木心带回了一张年历片（印刷品），上面有他画的双鹭图，署名是“木心”。在画的左上角还有木心的毛笔题词：“木心双鹭图，赠济诚哥暨甥儿王奕、亚民。”亚民即王奕的丈夫王亚民，上海南汇人，当时在北京的中国国际图书贸易总公司做发行，后被下放到五七干校。下放期间与同被下放的王宁认识，后经王宁介绍与王奕相恋结婚。王奕说王亚民和舅舅的关系一直很不错，木心和大姐夫郑儒鍼都特别喜欢他们单位的牛皮纸大信封，均向他要过不少。

木心的这个落款引起了我的注意。这是目前可知的，“木心”这个笔名最早的使用时间。据王奕回忆，木心这次回高桥过年，还专门就此向大家做过宣布，说：“我现在的笔名叫木心了。”

木心出国后，早几年与王奕她们一直有联系，正是王奕写信告诉他大姐夫郑儒鍼去世的消息。后来因为彼此多次搬家，就失去了联系，为此王亚民还曾专门跑到木心曾经租住的地方去打听他在纽约的地址。王奕现在手上只保留了两封舅舅的来信。其中一封即写于在美期间，写信时间是一九九二年六月一日。信中木心表达了出国十年来自己对他们的牵挂，表示“再

一九八二年春节木心与王奕的子女摄于上海高桥

过几年，我将回来与你们团聚”。这次致函王奕夫妇，主要目的是想委托姜华中前去取回母亲沈珍和姐姐孙彩霞的骨灰匣，准备物色公墓，让她们入土为安。此事后来因故中止，并未实施。

（此文经王奕女士审阅，特此致谢。）

辑四　文谈

木心的第一本书

作为诗人和文学家的木心一生以中文写作，其创作生涯可以追溯至一九四〇年，时年十四岁。这一年，他的写作初露锋芒，已开始在湖州、嘉兴、上海等地发表少量作品。历史的车轮缓缓地行驶到一九八六年，木心在恢复写作数年后，其第一本书《散文一集》方得以出版。这一年他已虚龄六十，作为有近半个世纪创作生涯的写作者，面对自己的第一本书心中难免百感交集。

我手上的这册《散文一集》乃知名导演高小龙所赠，是台北洪范书店一九八六年二月初版的三印本，二〇一五年一月印制。本书虽非初印，却基本保持了原版书的面貌。值得一提的是，该书封面由木心本人设计。总体上以深褐色为底色，再缀以白色的抽象图案。书名和作者名是一组略显暗黄的美术字，竖排，一上一下，字体略有大小。整体设计古雅而别致，散发着独特的艺术气息。据木心生前好友童明见告，封

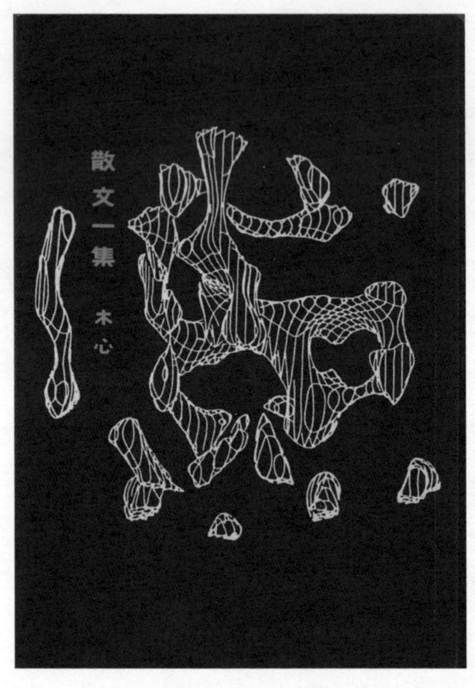

《散文一集》封面

面上的图案来自一张报纸上的物理学图形，如今的布局是木心用剪刀裁剪下图形后重新做的排列。木心迷恋手工，有过数十年从事工艺美术设计的经历，无论是现存的自定手稿集，还是其生前出版的个人著作，封面设计均由自己亲自捉刀。《散文一集》乃其平生第一本书，其郑重其事的态度可以想见。

需要特别指出的是，书名“散文一集”并非木心的首创。早在二十世纪三十年代，周作人在编《中国新文学大系》第六集散文卷时就使用过这个书名，这一文坛掌故木心不可能不知。以木心向来不落窠臼的做派来看，这一次之所以会毫不避讳地直接“拿来”，一方面固然是向读者指明了本书的体裁，另一方面只怕与其个人的文学抱负有关。

木心最早以散文名世，著名诗人、编辑家痖弦一九八四年在《联合文学》创刊号上为木心开辟“作家专卷”，重点推介的就是“木心散文个展”。木心在谈到自己以散文“为最常用的表达方式”时有过这样的论述：

> 诗甜，散文酸，小说苦，评论辣。我以咸为主，调以其他各味而成为我的散文，即：我写散文是把诗、小说、评论融合在一起写的。①

对此，著名学者陈子善曾指出：“木心先生有高远的抱负，他要打破传统意义上的散文界限，在散文创作中融入诗、小说、评论诸多因素，使之成为一种崭新的文体。木心的散文实践证明了他其实是一位文体家。”[②]木心确然有足够的底气和勇气将自己的散文与五四前辈们并置，其写作实践和实绩已经证明了这一点。

此书的出版得益于痖弦的首倡，其在《联合文学》创刊号隆重推出木心后，时隔两年又为他出版了这第一本书。关于此书的出版，痖弦最近在《文讯》杂志有过一段回忆：

> 我跟叶步荣讲，木心的书可以出版，虽然现在知道他的人不多，但是绝对有意义。后来叶步荣积极跟他联络，就出了《散文一集》（一九八六）、《琼美卡随想录》（一九八六）。
>
> 木心有洁癖，美学上的洁癖，因为他是画家，他的书一定要自己设计封面，字形、纸张、纸质、台数通通都非常严格的定好，叶步荣样样都合他的意。[③]

洪范书店于一九七六年八月由痖弦、杨牧、叶步荣、沈燕士合资创办，是一家怀揣着文学理想，决意要为读者提供严肃而有逸趣的文学书籍的出版机构。叶步荣是洪范书店实际的主持人兼总编辑，此书的出版虽是痖弦的提议，他却是具体的操办人。在木心前后，洪范书店先后推出过郑愁予、余光中、莫言、台静农、琦君、西西等作家的作品，均有不俗的反响。而能尊重作者意图，应该是洪范书店之所以能源源不断地推出重量级作者作品的一个主要原因。

木心的书“一定要自己设计封面”，固然是因为他是画家，有“美学上的洁癖”，更主要的是源于他对时下出版界“书的形象”的不满。一九八七年春，即《散文一集》出版的第二年，木心在回答《中国时报》编者问时，对此发表过尖锐的看法。他认为眼下的书“形式上很丑，反而不及三十年代的稚拙得有风味”，进而指出：

> 中国传统的书，极为雅致，十分讲究格调，在世界性的书的大观中，自成典范，说明祖先们全然精通此道。这个人文高度的标识已属畴昔光荣，像古代衣冠，美则美矣，不为现代生活所许可。西洋的印刷机和技术（包括纸张、制纸法）传来之后，局面别开，而奇怪的是：对于字体、版式、印刷、装帧，整本书的形象效果，竟会历一百年尚未融会贯通——不是小事，事情大在整个民族的文化教养、艺术常识上，出版界看不出自己的书的面貌是丑时，而据说读者（购买者）就是喜欢艳俗、小家子气那种样子（书的作者们也颇安于现状），供方摸到了求方的心理，推演为：愈艳俗愈小家子气，销路愈佳。那么，从旁再加推演，十年百年下去，不堪设想的局面是堪设

想的。[4]

在木心看来，“书的形象”不佳，根源在于“整个民族的文化教养、艺术常识上”，如要“改善改良书的形象，有待整个民族新的人文高度的出现”[5]。而这其中，字体、版式、印刷、装帧等所构成的整本书的形象效果是其直接的体现，如能达到中西书装美学的“融会贯通”则是理想境界。这也正是他每出一本书都要自己动手，力求完美的根本原因。

洪范书店在翻印本书的同时，还加印了木心当年设计的另一种封面的版本以供读者购藏。该版封面设计相对更为简约，没有图案，只有竖排的电脑体书名和木心自己手写的作者名，或许正是因为没有达到木心融会贯通的书装美学理想，最终被弃而不用。

木心选入《散文一集》中的文章顾名思义是清一色的散文体裁，包括序跋在内，共有二十四篇，均为其一九八三至一九八五年间创作的作品。其中值得注意的是，本书的序言有些特别，乃木心的精心之作。用木心的话说他是想要“创造一个记录：不像一般序，成一个独立的散文”，他评议道：

> 中国书序言，往往请人写。古书中不乏好序，很得体。新文化运动以来，以鲁迅的序最好，跋、后记，

都好。但他不把这些作为文学作品看，还不完全自觉。

“序”应该写成像一个蛋糕上的樱桃。[6]

应该说这是很有见地的提法，特别是将实用性的序跋的写作提升到文学创作的自觉高度，使之也具有了一定的文学创作水准。木心总能以其卓荦不群的见识使人折服。正是基于这样的认识，当二十世纪九十年代木心在纽约给学生讲解自己的文学创作时，特意挑选了这一篇序言来讲。临了，他还不忘自鸣得意一把，自觉“这篇序，可传”[7]，就是拿去与唐宋八大家比，亦不惭愧。当二〇〇九年在大陆出版随笔集《即兴判断》时，他干脆将此序言加了《鱼和书》的标题，使之成为一篇独立的文章收录到书中。此书跋文亦大体如此，不按常理出牌，哪怕是依惯例要表达对众人的感谢，也以不脱离文气、使内容浑然一体作为其写作时的追求。但理想与现实总不尽如人意，至少对这篇跋文，木心事后还是很不满意的，认为是多余之作。

其他二十二篇文章，除了《试问美国人》和《咖啡弥撒》至今未见于大陆版著作外，余二十篇均被拆散后重新编入到了新的集子中。这些作品，基本上涵盖了木心散文的成名作和代表作。比如广为人知的《哥伦比亚的倒影》《明天不散步了》

《遗狂篇》和《恒河·莲花·姊妹》四篇是《联合文学》创刊号中“木心散文个展”的篇目，因其创作手法的多样性和内蕴的丰富性时常被人提起。再比如《童年随之而去》《竹秀》《林肯中心的鼓声》等写实性的篇章，因带有自传色彩，能于冷静和深邃中表达自己对过往生活的怅惘，常常牵动人心。

总的来说，作为木心的第一本正式出版的著作，《散文一集》开启了木心作品出版的先河。应该说这个起点是很高的，尽管他自己还略有遗憾，却是他晚年在文学道路上重新出发时迈出的坚实的一步。

注释：

①《海峡传声》，《鱼丽之宴》，木心著，广西师范大学出版社二〇〇九年一月版，第25页。

②《姗姗来迟，毕竟还是来了》，《素描》，陈子善著，山东画报出版社二〇〇七年五月版，第105页。

③痖弦：《只种文学作物，不种其他庄稼：说说洪范的出版规》，《文讯》二〇一六年八月号，第82页。

④《雪夕酬酢》，《鱼丽之宴》，木心著，广西师范大学出版社二〇〇九年一月版，第54～55页。

⑤《雪夕酬酢》，《鱼丽之宴》，木心著，广西师范大学出版社

二〇〇九年一月版，第55页。

⑥《木心谈木心：〈文学回忆录〉补遗》，木心讲述、陈丹青笔录，广西师范大学出版社二〇一五年八月版，第60页。

⑦《木心谈木心：〈文学回忆录〉补遗》，木心讲述、陈丹青笔录，广西师范大学出版社二〇一五年八月版，第68页。

木心书简琐谈

木心的书简应该不在少数，他打小起就有写信的习惯，目前可知的，最早是在少年时与一位湖州女孩每周通一信，交流读《圣经》的心得。两人还在信中围绕《新约》《旧约》文学性与思想性孰优孰劣的问题而发生分歧，各执己见，最终谁也没能说服谁。至于是否有谈些情感上的问题，当事人没说，我们也不好凭空猜想。但我们已能从这最初的故实中看出木心喜欢以书简论学的端倪。

抗战胜利后，木心与著名学者夏承焘成为忘年之交，两人在一段时间内交往频繁而深入。一九四六年一月，木心前往上海美专求学。据夏承焘的《天风阁学词日记》记载，木心与其仍保持书简联系。书简的内容仍以文事为主，据木心追忆，夏承焘在信文启首会写“木心仁兄大人阁下”，每次寄作品来都写“木心仁兄指正”，木心则称呼夏承焘为“夏丈”。这一段师生之谊一直温暖着木心，夏承焘也成了他反复念叨的有数几位师友之一。

木心早年的书简至今未被发现，从其与夏承焘来往书简的称谓来看，以古体写作大体不会错。目前可见木心最早的书简是一九七六年十二月八日写给上海画家陈巨源的一封，全篇古体，文采斐然，气韵流动，令人叫绝。试引片段如下：

> 巨源先生阁下，渭庐初识，粤楼承宴，十载神交，一泓秋水，亦明心见性之谓也。然则数峰清苦，犹自商略黄昏雨，临川芹溪辈，嘤嘤侃侃代不乏人，彼苍苍者，亏吾何甚。
>
> 璞本狷介，谪居年年，尘缘渐尽，祸福皆忘，其所以耿耿长夜，如病似醒者，方寸间豪情逸兴颉颃未已耳。
>
> 今秋挟画曝献，匪逞雀屏，实伤骥足。区区五十纸，薄技小道，壮夫大匠不为也。璞运蹇才竭，无亢无卑，其心苦，其诣孤，如此而已矣。（一九七六年十二月八日致陈巨源）

这是刚刚脱身的木心读到陈巨源为自己的画作所写评论后的回信，情真意切，字字珠玑。更为难得的是此信是用毛笔写成。

直至晚年木心也常以文言写信，照例竖排，惯用老格式，只是改用了硬笔书写。有些文白相间，如给乌镇乡亲徐家堤、

少璞頓首頓首奉書於
巨源先生閣下謂廬初識粵樓承宴十
載神交一泓秋水亦明心見性之謂也然
則數峯清苦獨自商略黃昏雨臨川芹
溪筆嚶、保、代不乏人彼蒼、者壽吾
何甚濩本猶介謫居年、歷緣漸盡禍
福皆忘其所以耿、長恒如病似醒者方
寸間豪情逸興頡頏未已耳今秋
挾畫遠曝獻陋遲雀屏寶傷驥足匹
五十紙薄技小道壯夫大匠不為也璞

木心致陈巨源信手迹（局部）

周乾康的信；有些全用文言，如归国不久给时任桐乡市文联负责人叶瑜荪的回信，表达了“此番归来，承桐乡市府礼遇，优渥备至，心怀感德，自当有以报效而终老故里”的“忻悦”之情。这些信普遍都比较简短，多为礼貌性的答复，木心应付自如，意思点到为止。

据说木心对读者的来信基本不回，但也有例外。比如八十年代给读者林慧宜前后有过五封回信，二〇〇九年与安徽读者刘向阳也有过三次通信。这些给读者的回信虽大多以鼓励和希望为主，但也不乏“木心式”的见识，如：

> 您爱读俄罗斯文学家的作品，我很高兴，俄国文学朴厚精深，充满伟大的仁慈，年轻人从这一点上开始他的文学生涯，预示着您的美好的前程。（一九八七年一月十六日致林慧宜）

> 你翻覆地阅读我的两本散文，这是不良的读法。一本书看过后，至少要隔半年，重看起来才有新的感觉和发现。而像《卡拉马助夫兄弟们》这样的巨著，你的年龄、经历是不胜负荷的。你急于看西欧及俄罗斯的诗、散文、小说等，先看了再说，不要以为就此看懂了。
>
> 中国只有古代文学，现代则除了鲁迅、张爱玲，就没有什么中国现代文学可言。（一九八七年九月二十八日致

林慧宜）

木心书简中最令人期待的是与师友论学的部分，就笔者所知，木心与陈英德夫妇、痖弦、巫鸿、童明、陈丹青、陈向宏等旧雨新知，以及相关报刊和出版社的编辑之间均有过书简往来，只是到目前为止尚未披露。笔者在收集整理《木心先生编年事辑》过程中，得到上海作家尹庆一支持，得见四封木心写给他夫妇二人的书简。在信中木心仍保持评文论艺的偏好，用他自己的话说叫作“三句不离艺术”。信文洋洋洒洒，不仅敞露心扉，而且所谈甚细，其精彩程度绝不亚于《文学回忆录》中的洞见。其中写于二〇〇五年八月十日和十月五日的两封均为长信，后一封更是长达四千字，从九月八日开始写，至十月五日写好寄出，前后费时近一个月。在信中木心坦陈自己与“五四”的关系，直言“我不属于‘五四’的，更不代表‘五四新文艺’”，这是目前可知的木心直接述及自己与“五四”关系的重要论述，值得评论者引起注意。在谈到自己的作品时，他说：

> 你说得对，我的画是把我的快乐和悲伤寄托在里面了。我的文学，不仅抹掉一己的身世，连同我的哲学、哲理，都不事体系，东一亮，西一亮，就是不愿做哲学家，

做先知。所以“有我之境”“无我之境”，“隔”与“不隔”，这样的思辨，还是“文学概论”，如用来诠释我，那就“所言者小”了。我曾写道：“西方的音乐，人听人越大，中国的音乐，人听人越小。”（周璇的儿子周伟，学音乐的，很认同这个观点，对我哈哈大笑。）看来，你也得学会西方的方法，才能分析我的文学。（二〇〇五年十月五日致尹庆一）

这是木心对评论者的期许，哪怕是在《木心谈木心》中也没有说得如此透彻。在《木心谈木心》中，木心的主要意图是要教授学生如何写作，内容“涉及谋篇布局、遣词造句、焊接文白、应对采访等诸多方面”（牛陇菲语）。而在书简中，他侧重于引导自己认可的读者如何阅读他的作品，诉说对象不同，用意也不同，表述自然各有轻重。就这个意义而言，木心书简对研究者探究和理解木心本人的创作意图，具有不容忽视的参考价值。

有意思的是，在给以上三位的信件中，都涉及一个相同的话题，即木心不约而同地寄望他们致力于自己作品的评论和研究。他对林慧宜“抱着洪大的希望”，嘱咐她二十年后去写《木心评传》。他鼓励刘向阳继续写他的作品评论，“成一集专著而出版”。对尹大为更是寄予厚望，肯定他“有鉴赏和评论的才具，又有办理实际事务的才干”，将来可以为自己“做很多事”。为此在信中不仅坦率而真诚地指出其存在的不足，还做了方法上具体的指导。

谈到木心与书简的话题，顺便提一提木心对书简写作的要求。他曾针对尹庆一来信中的诸多格式和内容中出现的问题一一提出纠正，从中颇可见木心书简写作的章法：

> 一、信纸宜用一个规格的，不可忽大忽小忽厚忽薄。行草遵古碑帖，勿自出主张，使人无从揣摩。二、对并辈小辈可用“如晤”，对长辈应用“尊前”。三、勿忘页码。四、‘撰安’宜并辈，不宜长辈。五、学生不能用“晚”，晚，是一般的泛称。师生之间亦不宜用“顿首”“拜”（俗用“叩上”，今可免去）。最不可疏忽的是具名之下要加X月X日，俾查考。“乙酉夏日”者，大错。（二〇〇五年十月五日致尹庆一）

笔者所见木心的书简毕竟有限，作此文的目的主要还在于引起人们对木心书简特殊价值的注意。正如三十年代鲁迅在给乌镇另一位作家孔另境（木心财神湾故居即是从孔家购得）所编之《现代作家书简》作序时特别指出的那样，书简除了可以“钩稽文坛的故实”，“探索作者的生平”外，“从作家的日记或尺牍上，往往能得到比看他的作品更明晰的意见，也就是他自己的简洁的注释”[1]。

不久前，适逢木心美术馆开馆盛会，笔者有幸得识旅法艺术评论家陈英德、张弥弥夫妇，承蒙见告，他们手上保留着木心写给他们的书简达七八十封之多。就在笔者深感意外之余，却又被告知，木心生前在信中有过特别交代，说今后来往书信如要发表，务必相互照应，彼此知会。这其实更加说明了木心书简的坦诚与真实，没有像鲁迅所讽刺的某些“连记账簿也用心机”的作家那样，在信里处处设防。木心书简对理解木心确有非同一般的史料价值。我们期待，在不久的将来，木心书简集也能早日面世。

注释：

①鲁迅：《现代作家书简·序言》，《现代作家书简》，孔另境编，花城出版社一九八二年二月版。

浅议《从前慢》

木心的诗歌《从前慢》自去年年底被谱曲传唱后，特别是借着羊年春晚的传播舞台，一时间备受关注。对此，在木心的读者圈内出现了几种不同的看法，有叫好，有反对，众说纷纭，各执一词。

叫好者是因为觉着自己找到了同好，于是按捺不住知音难得的兴奋，自觉地奔走相告。反对者则认为音乐人误解了诗人的本意，更重要的是他们认为《从前慢》只是木心众多诗歌作品中比较浅显的一首，并不能代表木心诗歌创作的最高成就。

对于叫好者，完全可以理解，因为那种“海内存知己”式的呼应确能使内心充盈着发现与共鸣的双重愉悦，乃至亢奋。而反对者也无须过于苛求，用木心自己的话说“知名度来自误解”，误解也是解读的一种。所以笔者的态度偏向于第三种，对于木心的被解读被传播，一直抱着静观其变、顺其自然的态度。

《从前慢》能够被多元化解读，本身就说明了木心作品具有被无限解读的经典品质，如果一个作品只有一种解释，那是十分霸道而专横的，也是了无生机行之不远的。音乐人愿意用音乐的形式来诠释，正好说明了木心诗歌所具有的音乐特质。难能可贵的是，对于《从前慢》歌曲的创作，刘胡轶特别强调“不能炫技，像说话一样把它唱出来，唱得清清楚楚”。有了这样“诚诚恳恳”的态度和理解，作为读者的刘胡轶，自然也有自己的解读权。

至于《从前慢》会否成为当代诗歌的经典之作，现在妄下结论确实为时尚早，需要等待时间的进一步验证，但其成为木心最广为人知的一首诗作则是确定无疑的。诗歌的传播有赖于一定的媒介，凭借现代传媒的神奇力量，让木心的诗作以歌曲的形式流传不能说是一件坏事。歌曲原本就是诗的母体之一，诗歌不分，古今一也。

说《从前慢》是木心的代表作之一也未尝不可，有人对此可能又有异议，原因就在于该诗的通俗易懂似乎降低了木心诗歌作品的深度。笔者认为，《从前慢》语言的直观浅显不是它的短处，恰恰是这首诗得以传播的重要因素。大凡耳熟能详的诗歌佳作无不易于理解如家常话，却道出了各个时代读者心中之所有。

这里还涉及对“代表作”概念的理解，据《现代汉语词典》，代表作是指“具有时代意义的或最能体现作者的水平、风格的著作或艺术作品”。就时代意义而言，《从前慢》之所以能够引起广泛的心灵共振，根本在于该诗是从“从前”的视域，还原了“慢”的生活节奏，从而触动了当代人，特别是都市中人那根紧绷已久的心弦。木心说过，“艺术是从来也不着急的”，诗人以敏锐的眼力与深广的情怀，永葆住了“从前的日色”“车、马、邮件”之“慢”景，他追怀的其实是那个飘然已逝的时代氛围和诗意。他在另一首《失去的雰围》中做了直截了当的表述：

从前的生活
那种天长地久的雰围
当时的人是不知觉的

从前的家庭
不论贫富尊卑
都显得天长长，地久久

生命与速度应有个比例
我们的世界越来越不自然
人类在灭绝地球上的诗意

失去了许多人

失去了许多物
失去了一个又一个的雰围

这一首可谓《从前慢》的姊妹篇，亦可看作是《从前慢》的一个注脚。《从前慢》的语言是含蓄婉转的，《失去的雰围》则是近乎直白地倾诉，其意蕴从题目到末一句都在直抒胸臆，袒露心扉。所以说《从前慢》还是众人怀旧情怀的一次集体无意识的释放，木心用他最素净的文字做了准确到位的表达，可谓契合时宜。

创作技法上该诗无论是节奏感和音乐性，还是画面感和意境美，以及字里行间充沛着的情韵之美都达到了可能的高度，佳句迭出，朗朗上口，其创作水准毋庸置疑。至于风格，木心曾一度被认为是五四作家，可见其诗文创作的“从前”底色力透纸背。对往事陈迹的追忆与吟哦，是木心诗文创作的一大主题。就诗歌创作而言，诗集《云雀叫了一整天》中除了《从前慢》《失去的雰围》外，直接写到“从前”二字的诗作还有《爪哇国》《路菜》《人香》等，从中可见木心对过往的留恋与沉迷。

木心的诗歌体裁多种，风格多样，无法用惯常脸谱化、标签化的文学史描述加以定位。《从前慢》作为他的代表作之一，不是某一种诗歌类型的代表，只能说是世人对木心创作能力的一次集体发现而已。有人说今后人们提起诗人木心就马上想到《从前慢》会是一种一知半解的悲哀，其实大可不必悲观如此，传统文学史的悖论告诉我们，《游子吟》虽不是孟郊幽僻冷涩诗风的代表，却是诗人最平易经典的传世之作。《从前慢》亦然。

木心的文学作品演奏会——读《木心谈木心》札记

一

《木心谈木心》原本是《文学回忆录》的一部分，所以副标题为“《文学回忆录》补遗”。有关此书的出版因缘，陈丹青曾在该书《后记》中有过一番交代：

> 二〇一二年底，《文学回忆录》发排在即，我瞒着读者，擅自从全书中扣留九讲，计两万余字。三年过去了，今天，这部分文字成书面世，总算还原了《文学回忆录》全貌，但因此与母本上下册分离，成为单独的书。①

陈先生当初之所以要扣留这九讲，延宕至三年后才出版，是因为这些内容实乃木心讲席中“私房话里的私房话”。他担忧木心在文学史课程中讲解自己的作品一旦公布，可能遭遇无端的攻击，于是“一横心，将这部分文字全部剔除”，“存起来，等着瞧”[②]。待《文学回忆录》出版后，因广受好评，于是这被剔除部分的出版才又被提上议事日程。

二

殊不知，众人撺掇木心讲课的初衷并不是要他讲世界文学史，而是要他聊他自己的文章。其诱因是大家“初读他的书，谁都感到这个人与我辈熟悉的大陆文学，毫不相似，毫不相干”[③]。于是对其写作方式由好奇，有了想进一步了解的冲动。与《文学回忆录》的内容主要是以讲解世界文学史不同，《木心谈木心》是木心把“后台公开”，“破例”为学生讲解自己的写作。在讲课之初，他就提醒听众：

> 这是不公开的。最杀手的拳，老师不教的——写作的秘密。对你们写作有好处。前几年的课，是补药，现在吃的，是特效药。好处，是你们已经铺了一些底。[④]

在这段课堂导入语式的话中，有三点值得注意：一是在木心看来，作家写作的秘密一般是不公开的。这让人想起一九七八年的一段往事。当时有一位日本女画家来访，拟全部买下木心的画作回日本举办画展。因提出条件要木心把制画的方法告诉她，遭到木心的断然拒绝。木心当年在绘事上的保守

一九八九年至一九九四年木心应邀为一批留学美国的中国艺术家开设世界文学史课

一九九四年一月十六日在女钢琴家孙韵家中举行课程结业典礼

与眼下对待文事的开放前后形成鲜明对比，从中正可见出木心对学生的真诚不虚。要知道“诚”既是木心认为的“作为一个作家最重要的条件”[5]，也是木心讲这九堂课时的基本态度。有了这个态度，我们就不应怀疑木心这九堂课内容的真实性和坦诚度。二是木心给学生讲解自己的写作，目的性很明确，是要“对你们写作有好处”。那么如何才能达成这个“好处”呢？先得给大家“补课”，讲世界文学史，如他自己所说：“零零碎碎讲，没用的，你们要补课，要补整个文学史，中国的，西方的，各国的文学都要知道。”[6]由此亦不难看出，木心本人的文学创作与其广博精深的阅读之间是有着紧密的联系的，阅读对木心写作的滋养是显而易见的，如果就此深究，大可作一篇专题性的文章加以论述。“补课”之外，再就是结合具体文章讲解“写作过程”，兜底“写作的秘密”，下文将逐条加以论述。

三

尽管《木心谈木心》主要是谈木心自己的写作技巧和写作过程，但我首先是把它作为木心的散文自选集、精选集来看待的。这从木心讲课过程中时不时所流露出的得意与自恋中已能看出端倪。如他直言不讳地说《哥伦比亚的倒影》是一篇“力作”[7]，又为《S.巴哈的咳嗽曲》的不被注意而叫屈：

> 好久不读这篇。今天读读，这小子还可以。
>
> 很委屈的。没有人来评价注意这一篇。光凭这一篇，短短一篇，就比他们写得好。五四时候也没有人这样写的。[8]

这里的“他们”，自然是指五四新文学作家。木心像这样或显或隐地将自己与五四作家进行对比的情况，在他处也时有出现，但似乎还没有引起读者和论者的注意。木心的这种比照，背后是他企图从文体层面对五四前辈有所超越的意识在起作用。而这样的心迹表露如果不是面对亲密的听众，以木心向来内敛的性格，是绝不会如此直言不讳地坦陈的。

到这九堂课结束为止，木心已在台湾地区出版了六种著作，分别为《散文一集》《琼美卡随想录》《即兴判断》《温莎墓园》《西班牙三棵树》《素履之往》。这些著作涉及散文、小说、诗歌、俳句、访谈等文体，其中散文集占了四种。而这九堂课共讲解了其中的十四篇文章，其出处与文体分布如下表：

书名	所选文章	文体
《散文一集》	《S.巴哈的咳嗽曲》《〈散文一集〉序》《明天不散步了》《童年随之而去》《哥伦比亚的倒影》《末班车的乘客》《遗狂篇》	散文（含散文体序言）
《琼美卡随想录》	未选	散文
《即兴判断》	《九月初九》《〈即兴判断〉代序》《塔下读书处》	散文（含访谈体序言）
《温莎墓园》	未选	小说
《西班牙三棵树》	未选	诗歌
《素履之往》	《〈素履之往〉自序》《庖鱼及宾》《朱绂方来》	散文（含散文体序言）
临时起兴	《仲夏开轩》	访谈

由上表所列，可明显地看出木心对散文文体的特别看重。如将序言和访谈也列入宽泛的散文范畴的话，那么以上所选十四篇文章就是清一色的散文。（其中《〈即兴判断〉代序》和《仲夏开轩》为访谈，《〈散文一集〉序》为散文体序言）木心对散文文体的偏爱，源于他将散文作为自己写作上“最常用的表达方式”，对此他曾进一步指出：

> 诗甜，散文酸，小说苦，评论辣。我以咸为主，调以其他各味而成为我的散文，即：我写散文是把诗、小说、

评论融和在一起写的。[9]

这十四篇文章即可看出木心对这一散文创作理念的实践，而且成绩不菲。其中像《哥伦比亚的倒影》《明天不散步了》《遗狂篇》《九月初九》《童年随之而去》《塔下读书处》已成为木心散文的代表性篇目，反复被人所提及。

四

《木心谈木心》最主要的价值莫过于木心现身说法，谈自己的写作技巧和写作过程，其初衷固然是“金针度人，把他的写作秘诀，毫无保留传授给了学生”[10]，但此举客观上“敞开了他的文学练功房，记录了他作为文学家的心路轨迹”[11]，从而成为读者了解木心写作艺术的一个便捷而重要的窗口。

牛陇菲曾概括，《木心谈木心》“涉及谋篇布局、遣词造句、焊接文白、应对采访等诸多方面”[12]，以下笔者将围绕木心开诚布公的这九堂课对其写作技艺择其要者做一些初步的归纳。

（一）标题艺术

木心给书和文章取标题，都有自己的心思在。简而言之，其取标题主要注意到了四点：一是“字数不宜多”[13]，力求精练。但也有例外，比如《童年随之而去》，自觉得六个字已经算多，但因意思“有转折”，又颇得意。二是“要起得清楚”[14]，又不失俏皮，像《S.巴哈的咳嗽曲》。三是要“吸引读者”[15]，将题目作为一种吸引眼球的策略，为此他时常修改题目，比如曾将《忆茅盾书屋》改为《塔下读书处》。四是化用古典，借用题目背后的中西文化积淀，使得题旨深远广大。比如《素履之往》从书名到文章名均取自《易经》，《S.巴哈的咳嗽曲》《哥伦比亚的倒影》两题都有明显的欧化倾向。又比如《九月初九》，文章谈的是中国的人和自然之关系，“真在题目上标榜，太学究气。想来想去，取‘九月初九’，秋高气爽，登高，念旧”[16]。

说到取题，木心是反对直接引用名句为题的，认为是“弄雅成俗”的酸腐之举，不足为训：

> 这是一种舛戾的风气，怎么都顺手牵羊般地借一句唐诗来做文章文集的题名，古人是绝不会这样没自尊的，“五四”时期未见有无聊如此者，弄雅成俗何其酸腐惫懒，诚不知谁是始作俑者。[17]

木心的短篇小说《夏明珠》在首次发表时篇名曾被编辑改作《沧海月明珠有泪》，他对此很是无奈，只得于后来将此文收录小说集时再为之复名。木心的标题艺术是其文学艺术的组成部分，因新颖别致、自成格调，已成为其文学作品风格的一个标识。

（二）谋篇布局

木心在这九堂课的第一讲中就开门见山地指出，自己首先要讲的就是“写作过程”[18]。所以他在讲解自己的文章时，往往是由题目开始，从头至尾，将行文构思的婉转曲折、前呼后应、段落关联，以及相关的意图与策略娓娓道来。比如讲解《〈散文一集〉序》：

> 二段，进城，但不用“我”。这种写法，可使读者不知不觉变成“我”。[19]
>
> 忽然转到“哈尔滨”，但马上转回“渔网”，之后又宕开，写到打靶场、马街——写到这儿最开心。[20]
>
> 到三段，又提到酒，和前面的酒吧呼应。[21]
>
> 写哈尔滨像米兰一段，懒洋洋，有些莫名其妙的东西，就莫名其妙地写下去，其中是有深意的。[22]
>
> 后来忽然又拉到英国，哗一下拉过去，再一下拉到文学。[23]

显然，木心在讲解自己的写作艺术时坦诚而又得意，他就像一位沙场上的宿将，排兵布阵，调度自如。这样具体而微的讲课方式无疑能令写作学习者受到感染并从中获益。

（三）破题之道

木心特别讲究文章开头的写法，他说“一篇文章，你要动手写，全部精力要定在头一句”㉔。关于如何开头，木心介绍了自己的两种写法：“一法是正面破题，一法是意外的侧面的来。”㉕比如《九月初九》的首段即是“正面破题”法，此法要求“吃得准”㉖，拿准了就写下去，“不要扭扭捏捏，弄诗意”㉗。另外，因木心深谙古文的“破题”之道，他在行文中也会有意识地借鉴古文以文言语体开头，比如《遗狂篇》“一开头用四言古体诗作序幕”，即便是访谈，发表时也要在文首添一个文言的“招式”。这样做一方面是展示“文言的美”，另一方面则是有意露才，给读者一个“何等气魄，何等来历”的印象㉘。

（四）遣词造句

木心对文字有洁癖，有自己固执而独特的美学追求。为了达到这种表达效果，他常常要对文章进行反复修改，字斟句酌到了语不惊人死不休的地步。这也造成木心身后留下大量保留有多次修改痕迹的遗稿，今后如能影印出版，将是研究木心写作过程与技艺的重要文献资料。他曾与记者调侃：

> 进度一天通常是七千字，到半夜，万字，没有用的，都要反复修改，五稿六稿，还得冷处理，时效处理，过一周、十天，再看看，必定有错误发现。如果把某一文的改稿放在读者面前就可知道，我有多窝囊。[29]

由此可见，对文章反复修改已成为木心的一种重要的写作方式。又比如《木心谈木心》中在谈到《塔下读书处》的第三段时说：

> “镇”，要加个“古”字。抬起来了。“小镇”？不行的。“其声卜卜然”，是出《赤壁赋》中“其声呜呜然”来。好得很，要用。“三十年代”，要加“前后”，范围大了，可以进退。这样表过，人物可以出场了。“乌镇有个文人叫茅盾”，那不行，太傻了。[30]

从中我们可以看出，木心的遣词造句，不仅考量字词本身的妥帖，还在乎因此造成的写作思路的进退自如和文气的通顺畅达。

（五）焊接文白

陈丹青曾言，木心“可能是我们时代唯一一位完整衔接古典汉语传统与五四传统的文学作者”[31]。陈先生此说其实指出了木心文学语言的两个主要源头，即古汉语的传统和五四白话文的传统。木心对这两个传统的继承最直接而鲜明地体现在其文白交融的语体上，从而自创新格，形成了自己独特的话语风貌。对此他曾指出：

> 今文，古文，把它焊接起来，那疤痕是很好看的。鲁迅时代，否认古文，但鲁迅古文底子好，用起来还是舒服。[32]

木心的所谓“焊接”，即要通过巧妙的方式衔接今文与古文，从而达到本色自然的语言表达效果。主要是通过这样几种方式达成：一是标题用古语，或直接引用或化用，总能恰到好处。二是以文言写作，既有像《诗经演》这样通篇以诗经体完成的作品，也有像散文《遗狂篇》《乌镇》那样，于文章前后缀以古体诗。其写法是“要有现代感，又要把古典融进去”[33]，从而达到“好看”的效果。三是古诗词、典故及成语的化用，将古语转化成自己的个性表达，下文将再行论述。四是对传统古文技法的借鉴，比如注重破题，关注押韵，讲究行文的节奏和音乐性等。

学古而不泥于古是木心汲取古典遗产的基本原则，他坦言这样做“不是复古，也不是取巧”，而是“要把文学回到过去，延伸到未来”，“用古典的弹力，弹到将来去”[34]。这种态度源于木心对中国古典文学的充分肯定，其在《文学回忆录》中有具体的论述。基于此木心特别在乎作家的传统文学修养，除了上述引文中提到的鲁迅外，茅盾的传统文学修养也是木心所推崇的。他少年时借阅茅盾书屋的古籍看重的即是“茅盾在圈点、眉批、注释中下的功夫”，认为“茅盾的传统文学的修养，当不在周氏兄弟之下”[35]。

（六）用典

木心好用典，但他用典用得出神入化，了无痕迹，绝无掉书袋之感。这源于他自幼博览群书，腹笥充盈，每能于浩如烟海的文献中撷取最精准的语料为己所用。木心用典从不直接引用，他在讲到《明天不散步了》时摆出了自己用典的原则：

> 用典用得好，言简意永，用不好，易酸，也不纯。我如果用典故，是要发新意，没有新意，不用。不用别人的话，自己讲，讲得再不行，文章总是本色的，炒青菜，总是好的。[36]

“要发新意”即是木心用典的原则，同时也是取舍的标准，如果用了“没有新意”，他宁可“不用”。为此他主要采取两种方式：一是将成语、诗句、典故等原文本的内容“简化”[37]，使文字更符合行文的内在连贯性。二是对原文本进行

“改装”[38]，或借用其字词，或模仿其句式，既保留和沿用了内容本身的固有内涵，又生发出新意，创造出属于自己的再生文本。比如《〈即兴判断〉代序》开头有这样一段文言：

> 丁卯春寒，雪夕远客见访，酬答问，不觉肆意妄言——谓我何求，谓我心忧，岂予好辩哉。鲜有良朋，贶也永叹，悠悠缪斯，微神之躬，胡为乎泥中。[39]

其简化与改装的情况如下表：

方式	原文本	再生文本	出处
简化	知我者谓我心忧，不知我者谓我何求	谓我何求，谓我心忧	《诗经·王风·黍离》
改装	予岂好辩哉	岂予好辩哉	《孟子·滕文公章句下》
	每有良朋，况也永叹	鲜有良朋，贶也永叹	《诗经·小雅·棠棣》
	微君之躬，胡为乎泥中	微神之躬，胡为乎泥中	《诗经·邶风·式微》

又比如《九月初九》中有一段：

> 到唐代，花溅泪鸟惊心，“人”和“自然”相看两不厌，举杯邀明月，非到蜡炬成灰不可，已岂是“拟人”“移情”“咏物”这些说法所能敷衍。[40]

此段几乎全用唐诗名句连缀而成，内容运用自如，裁剪得当，令人大开眼界。只是这样的用典是显性的，能自出机杼，化腐朽为神奇。木心的用典还有更多隐性的存在，比如《塔下读书处》的首段：

> 我家后园的门一开，便望见高高的寿胜塔，其下是“梁昭明太子读书处”，那个旷达得决计不做皇帝，却编了部《文选》的萧统，曾经躲到乌镇来读书。[41]

木心坦言，自己的这个开头与鲁迅《野草》中《秋夜》的开头“有共通处”，但“写法看似不一样”[42]。这其实是木心对鲁迅具体写作技法的借鉴。其曾在《鲁迅祭》一文中对鲁迅的这种写法大加推崇：

> “在我的后园，可以看见墙外有两株树，一株是枣树，还有一株也是枣树。”
>
> 就只这几句，已是使我认知天才之迸发，骤尔不可方物。
>
> 当“秋夜”被选入国文课本后，全国中学教师讲课时都为难了，怎么也无法解说这两句的巧妙，为什么不是“有两株枣树”，而却要“还有一株也是枣树”呢，孩子们哈哈大笑，鲁迅先生不会写文章——这是鲁迅的得意之笔，神来之笔，从没有人用过此种类型的句法，乍看浅白、稚拙，细味精当凝练，这是写给成年人老年人看

> 的——在文学上，凡是“只可意会，难以言传”的思维和意象，字句的功能就在于偏要绝处逢生，而且平淡天真，全然口语化，令人会心一哂，轻轻带过，不劳注目。[43]

木心是善于从前辈文学家创作经验中有效汲取养料的作家，活用典故是其最直接的呈现。巧妙的用典，也是形成木心独特文风的重要因素之一，正如童明所指出的，“木心的作品令今日汉语读者略感陌生又新意盎然，直接原因是他将中国古文化的精粹注入白话，文笔陶融了古今的语汇修辞，或叙述，或抒情，或点评，张弛扬抑，曲直收放，皆见独到之处”[44]。这也是其文字显露中国风骨，充满文化味和书卷气的主要原因之所在。

而以文本再生的方式进行创作，某种意义上属于广义的用典。诸如散文集《爱默生家的恶客》中的《大宋母仪》、诗集《云雀叫了一整天》中来自《知堂回忆录》的《道路的记忆》以及诗集《巴珑》中木心直言以怀特、戈斯、卡尔佩伯、赫德逊的作品片段合成的《塞尔彭之奠》等。更有《诗经演》完全以诗经体古语写作；《伪所罗门书》大多直接取材于外国文学资源，借此进行大胆的改写和重写，木心用音乐作比称之为“多旋律的对位作曲法”。这些做法若想写出自我而不涉嫌抄袭，其难度可想而知。

（七）虚实之间

对写作木心强调“不要太老实”[45]，认为“老老实实写，没什么好写的”[46]。他在讲《童年随之而去》时较为集中地发表了自己的这一观点：

> 我纪实？很多是虚的。全是想象的吗？都有根据的。写写虚的，写实了；写写实的，弄虚了——你们画画的几位，实的有本领，虚的不行。
>
> 道家语：“天风吹下步虚声。”“步虚”，在空的地方走。我的文章，常是“步虚”。[47]

这里所涉及的是木心文学创作中对虚实关系的处理问题，他擅长在虚实之间的摇摆中寻求艺术的真实。他的所谓“实”，即纪实、写实；所谓“虚”，即虚构、想象、创作。木心的写作既不一味地纪实，也不全盘地虚构，他认为“全是真的，不真；全不真，也不真”[48]，是要在“真”与“不真”中寻找到一个最佳的表达效果。这里的“真”有两层含义，一是指客观事实，一是指艺术的真实，木心对虚实关系的处理其最终目的就是为了达到艺术的真实。如《塔下读书处》中有这样一段：

> 他逗我谈话了，我赶紧问：

“为什么沈先生在台上讲演时，总是‘兄弟，兄弟’？而且完全是乌镇话？听起来我感到难为情！”儿时称他“德鸿伯伯”，此时不知何故碍于出口，便更作“沈先生”。[49]

对此木心解释说：“没问这句话。但心里想问。称呼问题上，心理上，很真实。”[50]这个“真实”就是艺术的真实，是契合情节发展和表情达意的，体现出艺术创造的合理性。

以上是就《木心谈木心》一书谈几点个人的粗浅认识。木心的写作是有着自己成熟的思考和认真的实践的，要理解木心的写作思想和技艺，《木心谈木心》无疑是绝佳的文本。

注释：

①③《木心谈木心：〈文学回忆录〉补遗》，木心讲述、陈丹青笔录，广西师范大学出版社二〇一五年八月版，第211页。

②《木心谈木心：〈文学回忆录〉补遗》，木心讲述、陈丹青笔录，广西师范大学出版社二〇一五年八月版，第215～216页。

④《木心谈木心：〈文学回忆录〉补遗》，木心讲述、陈丹青笔录，广西师范大学出版社二〇一五年八月版，第3～4页。

⑤《雪夕酬酢》，《鱼丽之宴》，木心著，广西师范大学出版社二〇〇九年一月版，第48页。

⑥《木心谈木心：〈文学回忆录〉补遗》，木心讲述、陈丹青笔录，广西师范大学出版社二〇一五年八月版，第212页。

⑦《木心谈木心：〈文学回忆录〉补遗》，木心讲述、陈丹青笔录，广西师范大学出版社二〇一五年八月版，第95页。

⑧《木心谈木心：〈文学回忆录〉补遗》，木心讲述、陈丹青笔录，广西师范大学出版社二〇一五年八月版，第59页。

⑨《海峡传声》，《鱼丽之宴》，木心著，广西师范大学出版社二〇〇九年一月版，第25页。

⑩《〈木心谈木心〉北京座谈会实录》中牛陇菲的发言，《木心研究专号（二〇一六）：木心美术馆特辑》，木心作品编辑部编，广西师范大学出版社二〇一六年八月版，第179页。

⑪⑫《〈木心谈木心〉北京座谈会实录》中牛陇菲的发言，《木心研究专号（二〇一六）：木心美术馆特辑》，木心作品编辑部编，广西师范大学出版社二〇一六年八月版，第178页。

⑬㊻㊽《木心谈木心：〈文学回忆录〉补遗》，木心讲述、陈丹青笔录，广西师范大学出版社二〇一五年八月版，第80页。

⑭《木心谈木心：〈文学回忆录〉补遗》，木心讲述、陈丹青笔录，广西师范大学出版社二〇一五年八月版，第55页。

⑮㊶㊷㊺《木心谈木心：〈文学回忆录〉补遗》，木心讲述、陈丹青笔录，广西师范大学出版社二〇一五年八月版，第25页。

⑯《木心谈木心：〈文学回忆录〉补遗》，木心讲述、陈丹青笔录，广西师范大学出版社二〇一五年八月版，第41页。

⑰《迟迟告白》，《鱼丽之宴》，木心著，广西师范大学出版社二〇〇九年一月版，第83页。

⑱《木心谈木心：〈文学回忆录〉补遗》，木心讲述、陈丹青笔录，广西师范大学出版社二〇一五年八月版，第3页。

⑲⑳《木心谈木心：〈文学回忆录〉补遗》，木心讲述、陈丹青笔录，广西师范大学出版社二〇一五年八月版，第61页。

㉑《木心谈木心：〈文学回忆录〉补遗》，木心讲述、陈丹青笔录，广西师范大学出版社二〇一五年八月版，第62页

㉒《木心谈木心：〈文学回忆录〉补遗》，木心讲述、陈丹青笔录，广西师范大学出版社二〇一五年八月版，第64页。

㉓《木心谈木心：〈文学回忆录〉补遗》，木心讲述、陈丹青笔录，广西师范大学出版社二〇一五年八月版，第65页。

㉔㉕㉖《木心谈木心：〈文学回忆录〉补遗》，木心讲述、陈丹青笔录，广西师范大学出版社二〇一五年八月版，第42页。

㉗《木心谈木心：〈文学回忆录〉补遗》，木心讲述、陈丹青笔录，广西师范大学出版社二〇一五年八月版，第96页。

㉘《木心谈木心：〈文学回忆录〉补遗》，木心讲述、陈丹青笔录，广西师范大学出版社二〇一五年八月版，第160页。

㉙《海峡传声》，《鱼丽之宴》，木心著，广西师范大学出版社二〇〇九年一月版，第19页。

㉚《木心谈木心：〈文学回忆录〉补遗》，木心讲述、陈丹青笔录，广西师范大学出版社二〇一五年八月版，第26页。

㉛陈丹青：《我的师尊木心先生》，《读木心》，孙郁、李静编，广西师范大学出版社二〇〇八年十月版，第11页。

㉜㊲《木心谈木心：〈文学回忆录〉补遗》，木心讲述、陈丹青笔录，广西师范大学出版社二〇一五年八月版，第5页。

㉝《木心谈木心：〈文学回忆录〉补遗》，木心讲述、陈丹青笔录，广西师范大学出版社二〇一五年八月版，第160页。

㉞《木心谈木心：〈文学回忆录〉补遗》，木心讲述、陈丹青笔录，广西师范大学出版社二〇一五年八月版，第180页。

㉟《木心谈木心：〈文学回忆录〉补遗》，木心讲述、陈丹青笔录，广西师范大学出版社二〇一五年八月版，第30～31页。

㊱《木心谈木心：〈文学回忆录〉补遗》，木心讲述、陈丹青笔录，广西师范大学出版社二〇一五年八月版，第79～80页。

㊳㊵《木心谈木心：〈文学回忆录〉补遗》，木心讲述、陈丹青笔录，广西师范大学出版社二〇一五年八月版，第43页。

㊴《木心谈木心：〈文学回忆录〉补遗》，木心讲述、陈丹青笔录，广西师范大学出版社二〇一五年八月版，第4页。

㊸木心：《鲁迅祭》，《南方周末》，二〇〇六年十二月十五日。

㊹童明：《木心风格的意义：论世界性美学思维振复汉语文学》，《读木心》，孙郁、李静编，广西师范大学出版社二〇〇八年十月版，第21页。

㊼童明：《木心风格的意义：论世界性美学思维振复汉语文学》，《读木心》，孙郁、李静编，广西师范大学出版社二〇〇八年十月版，第80页。

㊾㊿《木心谈木心：〈文学回忆录〉补遗》，木心讲述、陈丹青笔录，广西师范大学出版社二〇一五年八月版，第33页。

陈子善对木心的推介

说起对木心的推介，人们首先想到的是画家陈丹青的不遗余力。其实，早在二十世纪八十年代，著名学者陈子善也开始关注到木心，并被木心独特的文风所吸引。进入九十年代后，他先后多次在大陆的书刊中选用木心的散文作品，为木心在大陆的传播做了坚实而富有成效的工作。

陈子善不仅在中国现当代文学研究领域卓有建树，其对港台文学的引介和探讨也取得了丰硕的成果。他首次对木心的作品产生特别关注是在一九八四年，该年十一月诗人痖弦在《联合文学》创刊号上推出了题为“木心，一个文学的鲁滨逊”的“作家专卷”，给了木心整整四十一页（占杂志总页数的六分之一多）的显著位置。这初次的见识，使陈子善对木心的文字留下了三个方面的印象：一是文字的精美和深刻，“充满了哲理，充满了睿智，却那么平易，不做作”①。二是警句迭出，“在木心散文中俯拾皆是，像在张爱玲散文中一样”[②]。三是木心散文文体的独特，既用意识流写散文，“意象丰富，汪洋恣肆”，“绝对是一个了不起的创新”[③]；又敢于“打破传统意义上的散文的界限，在散文创作中融入诗、小说、评论诸多因素，使之成为一种崭新的文体”[④]。为此，他不仅视木心为“散文大家”，还强调“应该是文学大家”，“其实是一位文体家”[⑤]。所以在自己“从此迷上木心”[⑥]的同时，也乐此不疲地向世人推介木心。

陈子善对木心的入迷，用他自己的话说“不是狂热的、一时的，而是执着的、持久的”[⑦]。首先他一直致力于搜寻木心的作品，从海外报刊上的散篇到各种版本的著作，至今热情不减。在搜寻的同时，他也不失时机地选用木心的作品到自己编选的作品集中。一九九五年一月，陈子善选编的《雅人乐话》一书由文汇出版社出版，其中收录木心的《林肯中心的鼓声》一文，这应是陈子善第一次选用木心的文章。一九九六年二月，陈子善主编的《作别张爱玲》一书亦由文汇出版社出版，书中又选录了木心发表于《中国时报》“人间”副刊上的散文《一生常对水精盘——读张爱玲》。该书是陈子善仿效当年鲁迅、瞿秋白编选《萧伯纳到上海》的先例，将张爱玲逝世一个月内海内外华文界对此事反响的文字编成一书。木心此文因见解独特，富有代表性，自然为陈子善所看中。该文后来亦被木心选进《同情中断录》，改题目为《飘零的隐士》。

陈子善第三次选用木心的文章是在一九九七年，该年三月由他选编的《未能忘情：台港暨海外学者散文》由上海教育出版社出版。该书收录了木心一九八六年十一月十一日发表于台北《联合报》副刊上的散文《寒砧断续》。需要指出的是，木心此文并非陈子善首次介绍到大陆。在其之前，一九九三年八月，由楼肇明编选中国友谊出版公司出版的《崛起的山梁》就已选录此文，此书为《台港澳暨海外华文文学大系·散文》第二卷。

陈子善对木心最强有力的推介，当属二○○一年在《上海文学》杂志上推出木心的《上海赋》。这是大陆文学界第一次颇为隆重地介绍木心，也是木心第一次在大陆引起一定范围内的强烈反响。当时，《上海文学》开辟了一个“记忆·时间”栏目，邀请陈子善出面主持，主要选发前辈作家学者感怀老上海的文章。陈子善因在这之前读到过木心选入台版《同情中断录》一书中的《上海赋》，就把此文分成三部分，分别在当年的《上海文学》五、六、七月号上连载。连载这种形式本来就是夺人眼球之举，更何况陈子善为了强调此文的重要性，还先后三次于文前写了“主持人的话”。现选录第一则，从中可见主持人的用心和用意：

上海赋(一)

木心

本篇的最初一念是，想到“赋”这个文体已废弃长久了。“三都”、“二京”当时算是“城市文学”。上海似乎也值得赋它一赋。

古人作赋，开合雅容，华赡精致得很，因为他们是当作大规模的“诗”来写的（“赋者，古诗之流也”），轮到我觊觎这个文体，就弄得轻佻刻薄，插科打诨，大失忠厚之旨的诗道。再者，太冲、平子二位先贤，都曾花了10年工夫从事，门庭藩溷皆置笔纸，现成的资料想必多得用不完，我却托人觅一张上海的旧地图也千难万难，只凭一己风中残烛般的记忆，写来实在上下够着把，左右不逢源。原拟的九个章目，择了其二其三，以《从前的上海人》为题，没头没尾地发表了，当然不成其为赋，据说读者都心痒，不满足。那已是去年秋天的歉歉事。

现将另外的四个章目敷衍出来，与已阑珊，不复有“三都”、“二京”、“一市”的联想了，之所以还要以“赋”为名，意在反讽。这样糟的赋，竟敢郁比“古诗之流”——读者在嘲笑作者太无自知之明时，就放松了更值得嘲笑的从前的上海人。

过去的过去

大约二十年代初到大约四十年代末，上海呈现了畸形的繁华，过来之人津津乐道，遑及自身的风流韵事，别家的鬼蜮伎俩——好一个不义而富且贵的大都会，营营扰扰颠倒昼夜。豪奢滋殊习秸精革的海派进化论者，以为软红十丈适者生存。上海这笔厚黑糊涂账神鬼难清，证料星移物换很快就收拾殆尽，魂销骨蚀龙藏虎卧的上海过去了，哪些本是活该的，哪些本不是活该的；谁说得中肯，中什么肯，说中了肯又有谁听？因为，过去了呀。

尤其在海外，隔着暂时太平的太平洋，老辈的上海人不提起上海倒也罢了，一提起“迪昔辰光格上海呀”，好比撬破了芝麻门，珠光宝气就此冲出来，十里洋场城开不夜，东方巴黎冒险家的乐园，直使小辈的上海人艳叹无缘亲预其盛。尚有不少曾在上海度过童年的目前的中年者，怪只怪当时年纪小，明明衣食住行在上海，却扑朔迷离，记忆不到要害处，想沾沾自喜而沾沾不起来。这批副牌的上海人最乐于为正牌的上海人作旁证，证给不知“迪昔辰光格上海呀”为何物的年轻人听，以示比老辈不足比小辈有余。其实老辈的眷恋感喟，多半是反了向的理想主义，朝后看的梦游症。要知中江旧事已入海市蜃楼，尽可按私心的好恶亲仇的偏见去追摹。传奇色彩铺陈得愈浓，愈表明说者乃从传奇中来，而那些副牌杂牌的上海人的想当然听当然，只不过冀图晋身“上海人”的正式称号耳。

“上海”！一望而知这块地方与海有着特殊因缘，叫起来响亮爽脆，感觉上又摩登刷致，其实是宋代人不加推敲地取了这个毫无吉庆寓意的芝名。宋代的上海起先是一个小镇，到后来才升为县，清季把上海归属松江府。道光33年中英江宁条约的订立，不论愿还好还，上海是转运了，从此风起云涌蔚为商埠，前程一天比一天更未可限量。此五变，以出现英、法等国的租界为征候

二〇〇一年陈子善于《上海文学》五月号上开始选发木心的《上海赋》

> 木心者，何许人也？即便是研究中国现当代文学的专家，恐怕也感到很陌生吧。其实，他是享誉台港和美国华文文坛的著名散文家，只不过他一贯低调，专心绘画和作文，以致长期以来此间对他以艺术家的慧眼和心智，观察环境思索生命驰骋想像的隽永散文，几乎一无所知。
>
> 曾长期在上海居住，富于诗人气质的木心，可说是一位标准的“老上海”。他对这个上世纪二十年代初到四十年代末堪与巴黎媲美的远东大都市情有独钟。他定居纽约后，在中西文化的撞击中，更对大洋彼岸的上海梦兹念兹，接连写下《从前的上海人》《上海在那里》等忆念上海的动人篇章。特别是这篇《上海赋》，以“三都”“二京”“一市”的联想起兴，铺陈当年上海的畸形繁华，展示当年上海的形形色色，对“迪昔辰光格上海”的都市文化风格和精神内涵的勾勒尤为精到。文字的幽默生动，细韧绵密，种种警辟微妙的思维和意象，使全文平添一层诱人的艺术魅力。⑧

数年后，陈子善忆及此事，道出了自己的初衷。在他看来，当年“各种形式的怀老上海之旧的文学作品汗牛充栋，都比不上这部《上海赋》”⑨。并把它视为“一篇奇文，一篇妙文，非大手笔无以出之”⑩。作家陈村在读到此文后更是惊叹自己“如遭雷击”，这类相近的阅读感受均来自木心文字风格的迥然绝尘，是异于固有语境的另类表达。

二○○六年元月，适值木心在大陆出版的第一本书《哥伦比亚的倒影》面世之际，《南方周末》于一月五日推出了几篇专家学者谈木心的文章，其中就包括陈子善的《姗姗来迟，毕竟还是来了》。这是陈子善首次以单篇文章的形式向读者推介木心，因篇幅有限，虽未对木心的作品进行详细的分析，却给予了木心"文体家"的崇高评价。

尽管陈子善与木心未曾谋面，但在木心去世之后多次出席与木心相关的纪念活动。他对木心讲述、陈丹青笔录的《文学回忆录》亦不吝赞美之辞，认为"岂止'可以看看'，简直非看不可，应该一看再看"[11]。他还基于自己数十年来对木心作品的认识，多次提醒学术界应及时加强对木心的研究，并以一个学者的学术敏感密切关注木心遗稿的整理及其著作与生平的研究进度。

注释：

①②⑥⑦《姗姗来迟，毕竟还是来了》，《素描》，陈子善著，山东画报出版社二○○七年五月版，第104页。

③《姗姗来迟，毕竟还是来了》，《素描》，陈子善著，山东画报出版社二○○七年五月版，第103页。

④⑤⑨⑩《姗姗来迟，毕竟还是来了》，《素描》，陈子善著，山东画报出版社二〇〇七年五月版，第105页。

⑧《上海文学》二〇〇一年五月号，第36页。

⑪《岂止“可以看看”》，《不日记》，陈子善著，山东画报出版社二〇一三年七月版，第154页。

《爱木心：〈梧桐影〉特辑》跋

《爱木心：〈梧桐影〉特辑》的诞生，得先从《梧桐影》第五期“木心纪念专辑”说起。

《梧桐影》是梧桐阅社的社刊，作为扎根桐乡的民间读书刊物，我们向来关注脚下这块土地上的书人与书事。向世人呈现桐乡特异的人文风景，一直就是《梧桐影》努力的方向。当杂志办到第五期时，几位编委一致决定要以一整期的规模来纪念木心这位乡贤。

虽然我们条件有限，但征稿小启一出，短期内还是得到了积极的响应。我们发现，在木心诸多的拥趸中，家乡的读者不仅数量可观，而且对木心及其作品的热爱程度更是超过了其他读者。他们不仅自觉地四处搜集木心的信息，阅读木心的作品，还尝试着进行探讨和研究，乐此不疲。更出乎我们意料的是，纪念专辑出刊后，闻讯来索阅的读者遍布全国各地，以至于这最晚出的一期是各期中库存数量最少的一本。

其中，尤以陈丹青先生诚挚的关注令我们欣慰不已。当他得知木心先生家乡的读者自发编印了这样一本纪念小集，就立即与我们取得联系，邀请大家参观了当时正在布展的故居纪念馆，花去大半日与我们笑谈木心。由于杂志反响良好，我们深受鼓舞，于是决定要在此基础上组织编印一本更具规模的《爱木心：〈梧桐影〉特辑》，以飨读者。

《爱木心：〈梧桐影〉特辑》的书名有着比较鲜明的感情倾向，我们是希望用最简单直白的方式表达故乡读者对木心先生及其作品的喜爱。木心说过："艺术是一种爱的行为/爱'爱'的行为。"我们爱木心就是爱艺术。

成都作家朱晓剑在其《木心的探索》一文中说，阅读木心及其作品"需要有一个缓慢的过程"，而围绕木心的研究在国内也才刚刚展开。此集的编印，不敢妄言能对木心的研究起到什么作用，它的出现，无非是一部分喜爱木心的读者的一次自发的公开的交流，更是我们这些同乡子弟对木心先生的一次集体致敬。翻开这册纪念集，我们还是会发现木心家乡的作者占了大多数，他们中有像张森生这样年过八旬的老先生，也有木心母校植材小学的校友，还有旅居在外各有所成的桐乡籍作家。此外，也少不了外地师友的加盟，他们中有像陈子善、牛陇菲、子张这样学养深厚的资深学者，也有像童明、尹大为、刘向阳这样在木心生前交往密切的故交，还有像邓天中、朱航满、谢柏鑫那些沉醉在木心百花园中其乐陶陶的青年学人。大家不分老幼亲疏，因为木心而再一次集结，用最真诚的文字或回顾过往，或品文论人，或钩沉探佚，各抒己见，各表心曲。

就如桐乡籍诗人沈木槿所说，阅读木心，于我们而言是一桩长远的事。这点文字只是梧桐阅社联合各地师友贡献出来的一点有限的阅读心得，若要想真正走进木心宏阔的文艺百花园，还需要大家去拿起木心的书沉下心来细细品读。我们相信，品读木心会是一段发现之旅，更是一段惊喜之旅。

《爱木心：〈梧桐影〉特辑》从征稿到定稿持续了一年多时间，后期在出版的问题上屡遭挫折，以致出版时间一拖再拖。其间有不少作者和读者多次问及本书的出版情况，为不辜负大家的厚望，现仍然将此书作为《梧桐影》的又一个特辑列入“传贻文丛”付梓。

最后需要说明的是，此集中的多篇文章遵陈丹青先生之嘱，曾事先被用在了《木心逝世三周年纪念专号：〈温故〉特辑》中，未避免遗珠之憾，这次照样收录。感谢作者们的支持，也感谢读者们的包容，毕竟我们能力有限，未尽之处，伏望相关机构及其他后来者弥补精进。

是为跋。

（《爱木心：<梧桐影>特辑》，夏春锦主编，梧桐阅社编，“传贻文丛”之一种，山东画报出版社二〇一五年十一月版。）

辑五　寻踪

寻访木心上海遗踪

近现代号称“十里洋场城开不夜”的大上海曾经留下了诸多诗人和作家的足迹，上海为此也成为他们笔下一再描摹的文化背景和文学空间。这座大都会之于木心而言，既是他学习、生活和工作了三十余年的“迪昔辰光格上海”，也是他在国内期间文学创作以及作品最早传播开来的主要场域。木心的一生与上海可谓结下了不解之缘。

我老早就有寻访上海木心遗踪的打算，奈何一直找不到向导。这一次因为结缘徐自豪兄的缘故，得以率先前往位于高桥的上海市育民中学探访，算是迈开了我寻访上海木心遗踪的第一步。

上海市育民中学

上海市育民中学始创于一九四七年，创办人为江苏武进人施爕华。一九四七年至一九五八年间，施爕华一直担任着这一所学校的校长，而一九五一年至一九五六年间，木心亦在此工作，度过了他的五年中学教师生涯。

该校创办之初的校名是“私立四维中学”，含“四人维持”办校之意（四人指施燮华、黄振极、刘导源、陆君翼），同时又符合当时蒋介石所倡导的“礼、义、廉、耻”乃国之四维之说，可谓一语双关。新中国成立后，“四维”之名显然已经不合时宜，特别在经过了针对知识分子的思想改造运动之后，校方又主动于一九五二年十一月将校名更改为上海市私立育民中学。没过几年，学校改由上海市教育局接办，性质由私立变公立，校名遂又于一九五六年二月变更为上海市育民初级中学。两年后因蓬莱中学有高中六个班并入，从此成为完全中学，才又改作了今名——上海市育民中学（下文简称育民中学）。

学校创办之时，位于高桥镇西浜头，由于校舍简陋，地处偏僻，一九四九年迁至西街承园，即现在的育民中学所在地。今为西街二一七号。我从地铁六号线航津路站下车后，由徐兄驾车接应，直奔育民中学而去。路上徐兄介绍老高桥的历史点滴，看着迎面而来的街道与建筑，我的脑海里浮现出的是青年木心在高桥古镇来回穿梭的身影。车近校门口，见有一位身材伟岸的长者在挥手致意，原来他是徐兄约来的陆正中老师。陆

如今的上海市育民中学大门

老师原是育民中学的数学教师，现已退休，但仍被学校请回，负责该校校史的编撰。刚下车，陆老师就热情招呼，将我们引至边上的一处长廊内歇脚。

长廊为明清建筑风格，与学校整体的徽派建筑风格相协调。长廊入口处左右各有一尊石狮，门上置有一方题额，其中有行书“承园”二字。左右悬有一副木刻对联，上联为“承前贤园传千秋薪火”，下联为“育后学民沐百代流泽”，出自当地书法家卢国联之手。该联分别将“承园”与“育民”嵌于其中，颇可见作者的用心。右侧墙上另挂有一块金属牌子，则以更直接的方式在向世人昭示，这里作为承园的遗迹，已被列入浦东新区文物保护点。

承园原本是民国时期高桥程氏的私家园林，由富商程竞民营建于二十世纪三十年代，占地达十余亩。高桥曾有四座园林，承园虽然建造时间最晚，但面积最大，布局最佳，尤以绿化为人称道。我们进入的长廊名为毓秀廊，西侧是家体量庞大的酒店，正好将这一片园林围在身后，使之与外界的喧嚣隔断开来。毓秀廊东侧就是园林遗址，假山堆叠，树木蓊郁，曲径通幽处不时传来清脆的鸟鸣声。虽说今时不如往日，但在寸土寸金的大上海，这里不失为一处清凉僻静的好去处。

在毓秀廊里，陆老师递给我一份复印资料，我的眼睛猛然被封面上的书名所吸引——《上海市育民中学校史（一九四七～一九八二）》。这是我此行的真正目的，虽未抱百分之百的希望，却又心存幻想，不想竟能得偿所愿。这份资料徐兄事先并未见告，说是要给我留一点意外的惊喜，真亏他想得出来。校史为自印资料，由育民中学退休教师王敬钊编撰于一九八二年。这位王老师一九五四年至一九八一年期间在此执教物理，从时间上看，与木心共事过一年多时间。陆老师将资料径直翻到“历年教工名单”，指着第一页倒数第二行，那里赫然印着：

孙牧心　音、美　五一～五六

这与木心的两份自制年表中所标示的情况完全一致，只是木心的自制年表中的时间要更加详细，是从一九五一年秋至一九五六年七月，这正是木心在育民中学工作的时间段。就在同一页的右侧，我另外发现了有关“王济诚”的记录，他是木心的姐夫，于一九五二年至一九七三年在此任“职员”。这是陆老师他们所不知道的，同样令他们大感意外。

掌握了明确的文献记录后，令我们更感兴趣的是木心当年在此工作的详情。于是我们坐在古雅清幽的集贤轩内促膝而谈，将各自掌握的零碎资料，相互补充，共同勾勒出了一个粗

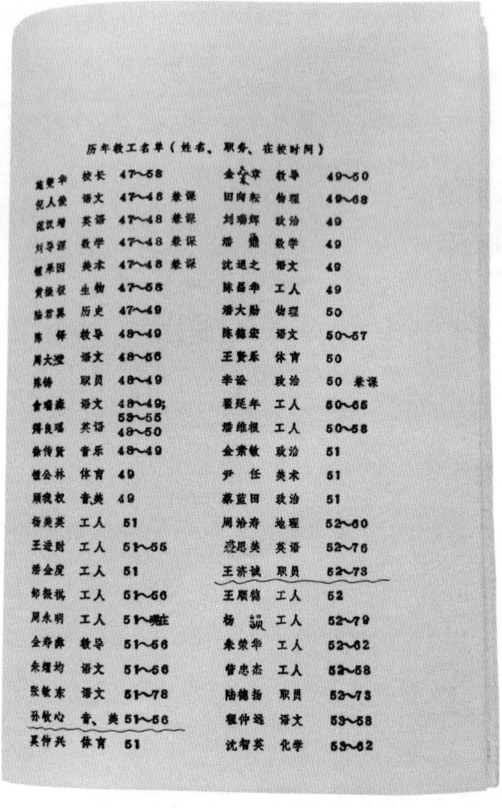

历年教工名单（姓名、职务、在校时间）

姓名	职务	在校时间	姓名	职务	在校时间
庞燮华	校长	47~58	金荃章	教导	49~50
倪人俊	语文	47~48 兼课	田向耘	物理	49~68
范汉增	英语	47~48 兼课	刘瑞辉	政治	49
刘导源	数学	47~48 兼课	潘 燾	数学	49
程界园	美术	47~48 兼课	沈退之	语文	49
黄振叔	生物	47~58	陈磊华	工人	49
陆君巽	历史	47~49	潘大勋	物理	50
陈 铎	教导	48~49	陈德宏	语文	50~57
周大澄	语文	48~56	王贤乐	体育	50
陈铸	职员	48~49	李讼	政治	50 兼课
俞瑞森	语文	48~49; 53~55	翟廷年	工人	50~65
傅良瑶	英语	48~50	潘维根	工人	50~58
徐传贤	音乐	48~49	金素敏	政治	51
樊公林	体育	49	尹 任	美术	51
顾我权	音美	49	蔡蓝田	政治	51
杨美英	工人	51	周治寿	地理	52~60
王进财	工人	51~55	龚思美	英语	52~76
潘金度	工人	51	王济诚	职员	52~73
郁振祺	工人	51~56	王顺德	工人	52
周永明	工人	51~现在	杨 韵	工人	52~79
金寿彝	教导	51~56	朱荣华	工人	52~62
朱耀均	语文	51~56	管忠杰	工人	52~58
张敬东	语文	51~78	陆德扬	职员	52~73
孙敬心	音、美	51~56	翟仲远	语文	53~58
吴仲兴	体育	51	沈智英	化学	53~62

育民中学校史中的《历年教工名单》

线条的中学音乐教师孙牧心的形象。下午我又在徐兄的引领下专程到木心外甥女王奕家中访问，从她口中又得知了一些木心执教育民中学的相关细节。现将三方面的资料整合如下：

木心于一九五一年秋进入育民中学（彼时仍名为私立四维中学），在教导处任职员，当时使用的是正式名孙牧心。

一九五二年，姐姐孙彩霞一家从湖州搬至高桥，一起租住在老诗人沈轶刘家中。这一年正逢育民中学因学生数量猛增，急需教员，于是向社会招聘新教师，其中包括音乐和美术教师。木心闻讯主动向学校提出，愿意一人同时担任这两门课的教学任务，并将自己的教导处职员一职让给王济诚，此议得到了校方的许可。王济诚于是从一九五二年起在育民中学任教导处职员，至一九六三年（《上海市育民中学校史（一九四七～一九八二）》误作“一九七三年”）又跳槽至附近的凌桥中学任职。

新中国成立后不久，百废待兴。因育民中学缺一台钢琴，木心便将自家的一台以每月三十元钱的租金租给了学校。这是一台名牌钢琴，制造于建国之前，是当年搬家时从杭州搬到上海来的。但据一九五六年以后接任木心教职的音乐教师戚幼吾回忆，这台钢琴的质量很差，到他手上时已开始影响正常的教学。据他了解，之所以会出现这种情况，是因为木心当年在订制时就一次性把钱全都付清了，随后物价飞涨，在成本提高的情况下，生产商为了不亏本只得降低生产材料的质量。

木心在育民中学教学的具体情况已不得而知。陆老师联系过一位当年被木心教过的学生，因年岁已高，只知道有过这样一位音乐教师，至于细节则无从想起。下午我们去访问王奕时，她倒提到了舅舅的两位同事。一位是语文教师张敏东，与木心很要好，有共同语言。还有一位教历史的，则视木心为怪人。另外据王奕回忆，她的父亲王济诚对舅舅一直很佩服，说有一次他去代课，上课纪律极差，木心只是到窗口一站，班级里便鸦雀无声。她的意思是当年学生对木心还是很敬畏的，以致一九五六年木心辞去教职后，曾有一位接替他的音乐教师因学生不买账，只教了一两个月即离职。上文提到的戚幼吾是这位教师离职之后校方重新招聘进来的。

木心在育民中学时每个月的工资是九十八元，他拿出六十元给姐姐孙彩霞补贴家用，自己只剩三十八元。因另外还有三十元的钢琴出租费，所以生活上不至于太窘迫。

应该说在育民中学教书的五年，是木心生活比较安定的五年。只是面对这样的生活，木心到底心有不甘，这从他后来所作的一首诗作《小镇上的艺术家》中可以看出端倪。其中写道：

……

黄浦江对岸
小镇中学教师
二十四岁，什么也不是

满腔十九世纪
福楼拜为师
雷珈米尔夫人为友

我好比笼中鸟
没有天空
可也没有翅膀

看样子是定局了
巴黎的盘子洗不成了
奋斗、受苦，我也怕

……

在诗中，木心认为自己“满腔十九世纪”却“什么也不是”，只得自嘲是一只“笼中鸟”，“没有天空”“也没有翅膀”。诗中所说的“巴黎的盘子洗不成了”，是指一九四九年前后，上海美专教授陈士文曾打算赞助木心到法国留学，终因时局剧变未走成，这成为木心耿耿于怀的一个遗憾。整首诗充满了不甘、矛盾、苦闷和无奈，正是此时木心心境的真实写照。

一九五六年七月，木心首次蒙冤入狱。他在被公安逮捕时被戴上了手铐，还被搜查了房间，随后关押于思南路上海市第二看守所。有关此次被捕的原因至今莫衷一是，只知道半年后平反出狱，自此也就终结了育民中学的教职，黯然离开了这个美丽的校园。这些即是目前我们所能了解到的木心执教育民中学期间的零星往事，虽然很碎片，却呈现出了彼时木心的基本状态。

当我们穿过这片园林时，发现操场一角有一株近百年的老银杏，作为岁月的见证者，它曾经与在这里学习和工作的每一个人朝夕相处，一定知道不少详情。奈何树木本无情，只知默然直立，而无法开口言说，不禁令人叹息。

上海美术专科学校

次日寻访的上海美术专科学校，我是独自前往的。根据相关资料的提示，我将目标锁定在了顺昌路上。过去对顺昌路一无所知，如今专程探访，是因为木心曾在这条路上的上海美专求学，前后度过了两年半“不安分”的学生时代。

我乘坐地铁十三号线，从马当路站下车，沿着马当路往北，到建国东路再往东，穿过黄陂南路后即进入了一片老城区。顺昌路即位于黄陂南路东面不远处，那时的路名叫菜市路。关于这一片区域，木心自己在《战后嘉年华》一文中有过一段描述：

> 上海美术专科学校，坐落于斜桥菜市路底，那是大都会的南边陲，接近市郊农村，空旷安静自不必说，待到亲临实地，此区域不仅是一个庞杂的果蔬鱼肉市场，而且周遭密布着小吃店、路边摊、裁缝、鞋匠、烟纸什货……烟雾迷目，腥臊刺鼻，时值春初雨季，街上满是人、满是伞、满是水潭泥泞、一片可以使街面震动的喧嚣市声——杭州西湖此时柳丝嫩黄，柔媚如梦，这里可真是红尘乱世了。①

曾经“大都会的南边陲”如今已是上海的中心城区，上海美专旧址就位于顺昌路与永年路交叉口的西南侧。永年路原名杜神父路，早在一九二三年五月上海美术专门学校（一九三〇年改称上海美术专科学校）就从浙绍公所租借得这条路上的永锡堂部分房产和地皮，新建校舍二百余间。是年九月，校舍建成，西洋画科随即迁入，同时又在此创办了中国画科，此处遂成为上海美术专门学校的一院（另有二院、三院位于不远处）。一院的校舍如今多已损毁，即使侥幸残存，也已淹没在了拥挤的居民楼中。庆幸的是，位于顺昌路边的一排民国老建筑风韵犹存，与周遭风格杂乱的建筑相比，虽已有破败之相，却仍能从苍老的躯体中显露出一丝的典雅。

这一排建筑的用地亦租自永锡堂，租期为三十年。楼高三层（木心误记为四层），西洋式，始建于一九三〇年六月，于当年十一月落成。新楼或因坐西朝东之故，遂名为“观海阁”。一楼原为学校各处室办公室，中央部位是过堂门厅，称作一门，亦即学校的正门，门头上是学校校董蔡元培题写的新校名——上海美术专科学校。当一九四六年一月木心初次从这里跨进上海美专的时候，他的内心是兴奋的，因为他自认为从此迈进了“艺术之门”：

> 校舍，正面看是一幢相当宽阔的四层西式大楼，无奈临街，显得商业气，黑漆的铁栅门颇为威严，我跨进去的刹那，心想：这是我的艺术之门，门外汉的阶段就此结束。②

如今的一楼已找不到大门的痕迹，整一层全被各种商铺所分割。粗粗算来，有杂货店、美容美发店、家电维修店、扦脚店、古玩店、足浴店等，比起当年的“商业气”，实有过之而无不及。

位于上海顺昌路上的上海美专旧址观海阁

据高德地图显示，此处现为顺昌路五五〇弄小区。为探明二楼、三楼的情况，我从位于顺昌路与永年路交叉口上的弄堂进入，绕至建筑后方，看到的景象与木心在《上海赋》中极尽描摹的“弄堂风光”有着惊人的相似：

> 上海的弄堂来了，发酵的人间世，肮脏，嚣骚，望之黝黑而蠕动，森然无尽头。这里那里的小便池，斑驳的墙上贴满性病特效药的广告，垃圾箱满了，垃圾倒在两边，阴沟泛着秽泡，群蝇乱飞，洼处积水映见弄顶的狭长青天。又是晾出无数的内衣外衫，一楼一群密密层层，弄堂把风逼紧了，吹得它们猎猎价响。参差而紧挨的墙面尽可能地开窗，大小高低是洞就是窗，艳色的布帘被风吸出来又刮进去。[③]

尽管木心笔下的弄堂并非确指这里，但正如陈子善所点评的，此文因“铺陈当年上海的畸形繁华，展示当年上海的形形色色”而“对‘迪昔辰光格上海’的都市文化风格和精神内涵的勾勒尤为精到”[④]，这就不得不引发我的联想。进入弄堂以后，左手边又有一入口，从此往里，抬头便望见著名的弧形梯。弧形梯架于一楼与二楼之间，上方正是四通八达的线路和肆意晾晒的被单衣物，将天空分割得支离破碎。如不是慕名前来，没有人能够看出这里曾经是培养了无数艺术家的摇篮。

观海阁背面著名的弧形梯（北侧）

南侧的弧形梯，木心和同学们曾在此合影

在这座弧形梯上，曾有许多文化名流在此驻足留影。一九四六年与一九四七年，木心与王伯敏、夏子颐等美专同学也曾在此留下数帧合影。仔细对照照片与现场会发现，楼梯栏杆原为镂空，今已被水泥封住；旧时的内侧栏杆向外弯曲的弧度明显比现在的要大许多，特别是南侧的楼梯栏杆已经被拗直，不复旧时的风貌了。

我拾级而上，正巧遇见一位女士拉着一根长竹竿在楼梯顶部晾晒被单。看得出她并不介意我的贸然闯入，一问之下方才知道这里住着何止她一家，竟有数十户之多。二楼原是女生宿舍，有五十间，名为“海涵斋”。一条通往三楼的木楼梯如一位老汉端坐眼前，陈旧而斑驳。楼梯将二楼分作南北两半，其后是公共厨房间，两头各有一条逼仄而又杂乱晦暗的楼道，楼道两侧分布着几十户人家。这仍与木心笔下的描述如出一辙：

> 入目的是条黑暗的小甬道，一边是极窄极陡的木楼梯，一边是油烟袭人的厨房，身影幢幢，水声溅溅，烧的烧洗的洗切的切，因为是几家合用的呀，从早到晚从黄昏到夤夜，上海弄堂的厨房里蠢蠢然施施然活动不止……⑤

由楼梯上到三楼，楼梯口又是一个公共厨房间。三楼原设有西洋画实习室六间，如今也早已不复存在，被分割成了一间

观海阁二楼到三楼的木质楼梯

间独立的居室。栏杆原本也是镂空的，现在均已做成水泥，粗糙而厚实。一切都回到了生活，回到了实用。走廊上有一位阿姨正在水槽边洗衣物，见我处处留意，就很热情地与我搭讪。她说在这里住了十几年，房子是从上一家手里购得的。她见我很好奇，就主动提出可以推开她家的房门看看。我轻轻推开房门，里面就是一般人家的布置，只是靠门处还有一条弯曲的木质楼梯，原来上面还带着一个亭子间。这又令我想起了木心的所谓“亭子间才情”，他甚至说“也许住过亭子间，才不愧是科班出身的上海人”⑥。

当年木心就读的就是西洋画系，课程分为实习课和理论课。理论课一律安排在下午，但“生意清淡，因为翻翻书就可以应付考试”⑦。更何况教师们讲讲课就要扯到物价高、薪水低、老婆又要生孩子上面去，所以时常会劝大家不要学艺术。实习课则不然，一概安排在上午，而上课的地点正是这幢楼的三楼。木心说自己一直“流连那时候的学生的生活习惯，晨起盥洗，早晨既毕，换上浆洗一清的衬衫（多数是纯白），打好领带，擦亮皮鞋，梳光头发，挟着画具健步经长廊过走道上楼梯进教室……”⑧上课的内容很丰富，“从石膏素描渐进到人体素描及油画创作，其他如水彩、粉笔、速写是间隔性的穿插”⑨。木心后来坦言：“上海美专无疑是我快乐的淘气竞技场，与往昔踽踽独行在西子湖畔的惨绿少年已经判若两人。”[10]我们可以从中感受到木心对母校的“感激”，而更令他赞赏的是美专的“传统作风”，即那种久违的包容与自由：

> 虽然没有什么可容可包却俨然兼容并包，虽然无所谓学术自由你完全可以学术自由，就是由你自己去好自为之，这倒不期然而然地遵循着蔡公孑民先贤的遗箴。对于顽劣成性散荡成习的我，天时地利人和足够足够了，我在上海美专所享用到的“自由”，与后来在欧美各国享受到的“自由”，简直天海一色，不劳分别……[11]

包容与自由的种子一旦在心中播种，扎根其间，有机会就要慢慢长大。一九八一年秋，木心在出国的前一年，因事前往南京，顺道去探望了自己昔日的恩师，曾经的上海美专副校长、代理校长谢海燕。渡尽劫波后，师生重逢，怎能不悲欣交集。两人不顾医生护士的阻拦，纷纷扬扬地共怀了一番旧后才怅然而别。此次会面，木心深深地被老师的“蔼然前辈之风”所感动。这自然勾起了他对美专生活的追念，回到上海后，就于次年故意选定了初春的一个雨天，到菜市路去寻访母校旧址：

> 一路的地名历历在目，景物也依稀如旧，近校情怯，

> 我提前下车步行过去，东一条街，西一条路，弄堂也不缺少，就是没有那幢深灰色的四层楼，问问附近店家，“什么上海煤砖”，似乎很生我的气，我情怯而胆也怯起来，只好立在绵绵的春雨中，定心凝神，捉摸方位，徐徐认出那一座方头方脑的有门无窗的冷藏仓库，便是当年的上海美专了。如果改建为别的民房或商店，也许还能走进去，搭讪着瞧瞧内里是否犹存若干旧观，唯独这庞大的仓库，使我的记忆力和想象力只能死限于严寒和漆黑……一切建筑物中，以冷藏仓库最为饱胀、窒息、颟顸无情。⑫

诸君请注意，对木心的这段文字，切不可信以为真。尽管我很信服这一篇《战后嘉年华》的写实性，并反复援引，但此时不得不武断地认为，这一个片段显然是他的虚晃一枪——他在与读者玩文字游戏呢！

当我爬到三楼时，正巧在厨房间里还遇见了一位白发老者。我问他是何时住进这里的，他说自己一家早于一九五二年就搬进来住了。原来他的父亲是圣约翰大学的一位教授，上海美专因一九五二年全国高等学校院系调整而迁至无锡办学，之后这里就成了上海几所高校教师的集体宿舍，他们的后人一直居住到现在。所以木心的所谓“有门无窗的冷藏仓库”并非实指，也并非他找错地方了，而是他的一种有意而为之的文学隐喻。这就为文后自然引发出“唯独这庞大的仓库，使我的记忆力和想象力只能死限于严寒和漆黑”找到了议论的支点。

注释：

①②《战后嘉年华》，《鱼丽之宴》，木心著，广西师范大学出版社二〇〇九年一月版，第119页。

③《上海赋》，《哥伦比亚的倒影》，木心著，广西师范大学出版社二〇〇九年一月版，第126页。

④《上海文学》二〇〇一年五月号，第36页。

⑤《上海赋》，《哥伦比亚的倒影》，木心著，广西师范大学出版社二〇〇九年一月版，第127页。

⑥《上海赋》，《哥伦比亚的倒影》，木心著，广西师范大学出版社二〇〇九年一月版，第135页。

⑦⑨⑩《战后嘉年华》，《鱼丽之宴》，木心著，广西师范大学出版社二〇〇九年一月版，第121页。

⑧《战后嘉年华》，《鱼丽之宴》，木心著，广西师范大学出版社二〇〇九年一月版，第122页。

⑪《战后嘉年华》，《鱼丽之宴》，木心著，广西师范大学出版社二〇〇九年一月版，第129页。

⑫《战后嘉年华》，《鱼丽之宴》，木心著，广西师范大学出版社二〇〇九年一月版，第132页。

辑六　年表

木心年表

一九二七年（民国十六年）　一岁

三月十七日（农历二月十四日），生于浙江省桐乡县乌镇（今桐乡乌镇）东栅孙家老宅。取名孙璞，字玉山，又名孙仰中。（按：本年表提到谱主时统一用其笔名木心。）

一九三一年（民国二十年）　五岁

本年，孙家购得乌镇东栅财神湾孔家部分厅房和花园，建起孙家厅和孙家花园，并于本年举家迁往财神湾新居（今财神湾一八六号木心故居纪念馆所在地）。

一九三二年（民国二十一年）　六岁

入学，就读于乌镇东栅集贤坊小学。

一九三三年（民国二十二年）　七岁

本年，父亲孙德润去世。同年，转入私立敦本初级小学就读。

一九三四年（民国二十三年）　八岁

本年，正式从师开始学习中国传统水墨画。

一九三五年（民国二十四年） 九岁

本年，敦本初级小学并入植材小学，木心随往植材小学插入三年级就读。

一九三七年（民国二十六年） 十一岁

十一月，日军占领乌镇，木心一度前往祖籍地绍兴避难。

一九三九年（民国二十八年） 十三岁

本年在乌镇。因无法上学，孙家除了延续自家家教外还先后聘请了六位家庭教师开设家塾。沈罗凡为伴读。

约在是年前后，在亲戚黄妙祥的帮助下向茅盾书屋借书，得以饱览世界文学名著。

一九四〇年（民国二十九年） 十四岁

本年在嘉兴，避居表哥邵传统家。写作初露锋芒，开始发表作品。

一九四三年（民国三十二年） 十七岁

本年，为报考国立杭州艺术专科学校（以下简称杭州艺专）出走乌镇，前往杭州。住在盐桥附近的蘋南书屋，日常生活由女佣料理，一心要做知易行难的艺术家。

本年，在杭州举行平生第一次个人画展。

本年，到过上海，在上海初次读到张爱玲散文。

一九四五年（民国三十四年）　十九岁

抗战胜利后，与沈罗凡等在乌镇创办《泡沫》刊物，为八开油印物。发表文章用笔名罗干，负责编写诗歌、散文，文字“幽美清雅，富于情致”（沈罗凡语）。

杭州成立“美术工作者协会”，木心积极参与，并成为该会会员。期间民众文化馆举行集体性画展，木心拿出几幅油画参展，受到《东南日报》好评。

一九四六年（民国三十五年）　二十岁

元旦，参加杭州元旦美展。

一月，杭州艺专迟迟未迁回，上海美术专科学校登报招生，木心遂去信报名，以同等学力作为插班生考入该校三年制西洋画专修科一年级就读。此时的通用名为孙牧心。

本年，上海美专的学生运动异常活跃，木心画宣传画、演话剧，表现积极。

六月初，茅盾由香港回到上海，住在山阴路大陆新村。木心跟随黄妙祥之子黄阿全前往茅盾家叙旧，茅盾以书相赠。

十月十九日下午，参加由中华全国文艺界协会等十二个文化团体于辣斐大戏院联合举行的鲁迅逝世十周年纪念大会。

十一月二十五日，为纪念鲁迅逝世十周年，与夏子颐、王伯敏等冒险前往万国公墓瞻仰鲁迅墓。

一九四七年（民国三十六年）　二十一岁

四月五日，在杭州拜访夏承焘，获赠夏承焘所作词两阕。午后，与夏承焘、夏子颐、郑德涵游紫云洞。

四月六日，再到夏承焘家中拜访，夏承焘与之讲庄子和佛学。不久回上海，与夏承焘保持书信联系。

五月，“反饥饿、反内战、反迫害”运动爆发。此时木心担任上海美专学生会副主席，因积极参与学生运动，被国民党政府列入黑名单。

八月，到杭州，多次往谒夏承焘，与之谈词论艺。其间结识席德进。

一九四八年（民国三十七年）　二十二岁

六月五日，数十名便衣特务制造了震惊上海的上海美专“六·五血案”，大批学生受伤，学生会骨干吴树之等八人被殴成重伤并先后遭逮捕入狱。上海美专党小组积极营救被捕学生，木心亦参与其中。

七月，被上海美专勒令退学。

九月，到台湾，偶遇在嘉义中学教书的席德进。

一九四九年（民国三十八年）　二十三岁

本年初，因母亲来信催促，遂返回大陆，住在杭州金沙港。

在杭州期间与浙东游击纵队杭州联络站负责人之一的叶文西成立杭州绘画研究社，叶文西任社长，木心任副社长。以此为掩护，从事地下党工作。

春，在浙江省立杭州高级中学（简称省立杭高）执教，待遇可观，受学生爱戴。

五月至七月，参加中国人民解放军第二十一军南下文工团，到过温州。

一九五〇年　二十四岁

本年初至八月底，仍在省立杭高任职，住在杭州皮市巷。

八月，从省立杭高辞职。

九月至十二月，在莫干山，期间一心读书、写作、画画。

本年秋，第一次（也是唯一一次）到杭州玉泉林风眠家拜访。

一九五一年　二十五岁

一月至八月，在上海江湾。此间闯荡谋生，做过医学挂图、舞台布景、临时代课等临时性工作，生活颇为窘迫。

从本年秋开始任教于上海浦东高桥育民中学，先任美术教师，后又兼任音乐教师，受学生喜爱和敬重。

此间和母亲沈珍、外甥女王宁租住在沈家大院，房东为老派诗人沈轶刘。

一九五六年　三十岁

上半年，仍在育民中学任教。

七月，因被迫害首次蒙冤入狱，关在上海市第二看守所。就此终结育民中学教职。

被囚禁期间，母亲沈珍病逝于上海高桥，时年不到六十岁。

十二月，囚禁半年后平反出狱。

一九五七年　三十一岁

进入上海美术模型厂工作，主要从事展览会的设计。

一九五八年　三十二岁

本年秋、冬间，在北京，参加第二届全国农业展览会的设计工作。另作为设计带队在北京参与十大建筑的室内设计，向国庆十周年献礼。

一九五九年　三十三岁

本年春至秋，仍在北京，参加第三届全国农业展览会的设计。

十月一日，在北京，躲在家里偷学意识流写作。

一九六〇年　三十四岁

仍在北京。

一九六一年　三十五岁

暮春，初识画家陈巨源、陈巨洪兄弟，就饮于南京路广州食府。仗酒言志，作古体诗一首。

一九六三年　三十七岁

本年起至一九六五年，先后从事外贸、广告等工作。

一九六五年　三十九岁

近年仍专事生产工艺竹帘画及毛泽东立体照片。年底，被调到中苏友好大厦（现上海展览中心）任“技术革新、技术革命”展览会总体设计。

一九六六年　四十岁

本年初起又回上海美术模型厂工作。

冬，遭遇抄家，数箱画作、藏书、乐谱、唱片和二十二册（一说二十本）自定文集等被全部抄没。

一九六七年　四十一岁

冬，大姐姐孙彩霞被批斗后心脏病复发去世。

一九六八年　四十二岁

七月至十二月，被上海静安公安分局关押。

年底，静安公安分局对其进行宣判，戴上地主分子帽子，遣回原单位监督劳动，管制两年。

一九六九年　四十三岁

一月至一九七〇年七月在厂劳改，负责扫地、扫厕所等体力劳动。

一九七〇年　四十四岁

七月，被撤销管制。

八月至十一月，在厂隔离审查。

十二月起至一九七一年九月，在“地毯厂”审查。

一九七一年　四十五岁

十月至一九七二年二月，在“绣品厂”隔离。

一九七二年　四十六岁

本年，被打成“现行反革命”，管制三年。

三月至六月，在“本厂”防空洞隔离。期间写出一百三十二页《狱中手稿》，约六十五万字。解除监禁后将手稿缝在棉袄夹层中偷偷带出。

六月至一九七九年底，在“本厂”劳改。

一九七五年　四十九岁

本年，被撤销管制。

一九七六年　五十岁

二月，在五十岁之际，偷偷制作小尺幅转印画约百幅，选五十幅自编为《玉山赢寒楼藏画集》，无人解意。

一九七八年　五十二岁

本年，复出后的上海手工业局局长胡铁生决定成立上海市工艺美术协会。胡铁生自任会长，延请木心出任秘书长，主持日常工作。

一九七九年　五十三岁

本年，向中共上海市委复查办公室提交申诉书，要求平反。

一九八〇年　五十四岁

年初至一九八一年秋，在“工艺美术展销会”工作。

四月，应日本神奈川美术家协会之邀参加在横滨举行的第二十一届县展（公开招募展）。六件水墨画作品获金奖，并被该会聘请为特邀资深会员。

一九八一年　五十五岁

本年至一九八二年七月，仍在上海市工艺美术协会工作。

十一月二十五日，因出国需要请南京艺术学院开具学历证明书。

本年，因担心出国资历不足，在夏葆元帮助下到上海交通大学代课，给学生上艺术理论课。

一九八二年　五十六岁

本年，《美化生活》试刊号出版发行。木心是该刊事实上的主编，虽不坐班，但对杂志的排版、摄影和文稿要求很高，负责查看校样，签发稿费单。

八月末，以绘画留学生身份赴美，暂居纽约布鲁克林。

秋，与陈丹青在地铁上相识，两人均在纽约艺术学生联盟进修。

秋冬之际，在纽约布鲁克林的一间骨董工作室结识画家张宏图，一起给人修骨董，持续两个多月。

冬，彩墨画为收藏家王季迁所看重，被部分收购。随后应王季迁之邀搬到曼哈顿林肯中心一带的高级公寓。

一九八三年　五十七岁

春，参加日本第四十七回春季大展，以不透明水溶性颜料绘制的两件画作获“日本艺术新闻社赏”，并获美术家协会颁赠的“特别颂”。

夏，陈英德、张弥弥、姚庆章等艺术家来访。陈氏夫妇在读过木心的文字片段后力劝其恢复写作，回巴黎后不久即接到木心寄去的一叠稿件，读过后又将之寄给了当时主持台北《联合报》副刊的痖弦。

九月、十月，九件彩墨画入选“I.M.A展”（国际现代美术家协会主办）。此展在巴黎、东京、横滨巡回展出。

十二月，散文《街头三女人》发表于由旅美诗人王渝任主编的《美洲华侨日报》文学副刊，此为木心自一九四九年以来公开发表的第一篇作品。该文发表后被陈丹青读到，主动联系，从此“密集交往，剧谈痛聊”。

一九八四年　五十八岁

四月，在台北《联合报》副刊发表《大西洋赌城之夜》，此为木心在台湾地区发表的第一篇文章。

夏，应《联合文学》之邀准备“作家专卷”。

六月，经陈丹青介绍，于纽约林肯艺术中心国家画廊举行水墨画展。

十二月十日至二十日，经陈丹青介绍，由巫鸿策划和组织，于哈佛大学亚当斯学院举行题为“木心——思想的风景”彩墨画展及收藏仪式。此为木心出国后的第一次个展，获得美国美术界和各大艺术杂志的同声赞誉。

十一月一日，《联合文学》创刊号出刊。本期特设“作家专卷”，题为“木心，一个文学的鲁滨逊”。

本年，被邀请为国际现代美术家协会名誉会员，国际现代美术家“I.M.A展”评审委员。

一九八五年　五十九岁

十一月，散文《圆光》发表于《上海文学》本年第十一期“散文之页”栏目。此为木心新中国成立后在大陆公开发表的

第一篇文章，非木心本人投稿。

本年，于世界贸易中心纽约州政府画廊举行水彩画展。

本年，经郭松棻介绍结识童明。

本年，入选美国传记中心名人录。

一九八六年　六十岁

二月，《散文一集》由洪范书店出版。此为木心平生正式出版的第一本书。

五月九日下午，由美国华语报《中报》主编曹又方发起并主持的“木心的散文专题讨论会”在纽约《中报》会议室举行。木心出席。

九月，《琼美卡随想录》由洪范书店出版。

十月，郑明娳的学术专著《现代散文纵横论》由长安出版社出版，该书分两辑“综论”和“个论”，“个论”中包括“木心论”。

本年，从纽约艺术学生联盟毕业。

本年，于纽约市政府画廊举行版画展。

本年，入选北京《海外华人名人录》。

一九八七年　六十一岁

本年，于纽约格林尼治村维斯贝茨画廊举行版画展。

一九八八年　六十二岁

二月，《即兴判断》《温莎墓园》《西班牙三棵树》由圆神出版社出版。

本年，于鼎典艺术中心举行版画展。

一九八九年　六十三岁

从本年始至一九九四年，应旅居纽约的一批艺术家之请，开讲世界文学史课程。元月十五日，在画家高小华家开课。

本年，获美国奈希·珂恩版画奖。

本年前后，童明将木心的小说列入世界文学课讲授，受到欢迎。

一九八四年至一九八九年

在纽约艺术学生联盟进修期间做了上百幅抽象版画，为此被评为优秀学生并受到奖励。

一九九〇年　六十四岁

本年起住在曹立伟家，长达近两年时间。

一九九一、一九九二年间

通过一位留学生，将《狱中手稿》从国内带至美国。

一九九三年　六十七岁

三月七日，应听课生再三恳请，本日起至九月十一日，以九堂课的半数时间讲述自己的文学创作。

六月，《素履之往》由雄狮图书股份有限公司出版。

本年，取得美国绿卡。

一九九四年　六十八岁

一月九日，在纽约陈丹青家中讲完《文学回忆录》中的最后一课。

一月十六日，在女钢琴家孙韵家举行结业典礼，纽约《世界日报》对此做了报道。

六月六日，在刘丹的安排下与陈丹青启程造访英国，停留三周。此行是木心唯一一次去到欧洲。

十二月，回到中国，前后四十天。

一九九五年　六十九岁

一月，借回国之际独自一人回到暌违五十多年的乌镇，夜宿某小旅馆。

本年，三十三幅转印画为罗森科兰兹基金以二十万美金购藏，生活用度遂无后顾之忧。

一九九六年　七十岁

本年，从杰克逊高地迁往皇后区森林小丘与黄秋虹一家同住，直至回国。

本年，开始筹备全美博物馆级巡回展。

一九九八年　七十二岁

五月，《巴珑》《会吾中》《我纷纷的情欲》由元尊文化企业有限公司出版。

十一月二十二日至二十三日，散文《乌镇》在《中国时报》副刊连载。

冬，《乌镇》一文见报后，乌镇人金其全将之寄给时任乌镇植材小学校友会会长徐家堤。徐家堤又将此文转送给时任乌镇旅游开发有限公司总经理陈向宏。陈向宏读过该文后开始四处打听木心的消息。

一九九九年　七十三岁

十月，《马拉格计画》《同情中断录》《鱼丽之宴》由翰音文化事业股份有限公司出版。

二〇〇〇年　七十四岁

十一月十一日，第五届茅盾文学奖在乌镇颁奖，陈向宏向王安忆打听木心，并通过王安忆与陈丹青取得联系，邀请木心回乌镇安度晚年。

本年，部分散文与小说被翻译成英文，成为美国大学文学史课程范本读物，并作为唯一的中国作家与福克纳、海明威作品被编入同一教材。

二〇〇一年　七十五岁

五月至七月，陈子善主持的《上海文学》“记忆·时间”栏目分三期连载木心的散文《上海赋》，经责任编辑金宇澄编辑发表。

六月，陈丹青带着木心的书信前往乌镇与陈向宏相见。这之后陈向宏开始与木心通信，持续将近五年时间。

十月二日，由巫鸿和梦露策划，芝加哥大学戴维和艾尔弗雷德艺术博物馆与耶鲁大学艺术画廊共同组织，罗森科兰兹基金赞助的“木心的艺术——风景画与狱中杂记”大型博物馆级全美巡回展于康涅狄格州纽黑文市耶鲁大学美术馆隆重开幕。展出的作品包括三十三幅风景画和《狱中手稿》，引来媒体竞相报道。此后历芝加哥、夏威夷、纽约数处巡回展览。展览结束后，三十三幅画作被罗森科兰兹基金捐赠给了耶鲁大学美术馆收藏。

十月，耶鲁大学出版社出版评论木心绘画和文学成就的专辑画册《木心的艺术》，好评不断，被列为“五星级”杰作。

二〇〇二年　七十六岁

一月二十四日至三月三十一日，题为“木心的艺术——风景画与狱中杂记”巡回展于芝加哥大学艺术博物馆展出。

二〇〇三年　七十七岁

春，“木心的艺术——风景画与狱中杂记”画展巡回至夏威夷檀香山艺术博物馆。

六月十日至九月七日，题为“记忆的风景——木心的艺术”画展巡回至纽约亚洲协会展出。

二〇〇五年　七十九岁

四月，在陈向宏多年的诚恳邀请下，决定回故乡安度晚年。十六日，启程回国做迁居前的准备。

二〇〇六年　八十岁

一月，《哥伦比亚的倒影》由广西师范大学出版社出版。

六月，《琼美卡随想录》《温莎墓园日记》由广西师范大学出版社出版。

九月，《即兴判断》《西班牙三棵树》由广西师范大学出版社出版。阅读木心成为年度读书热点，读书界甚至将本年称为“木心年”。

九月八日下午四时，应故乡乌镇的盛情邀请，在陈丹青陪伴下踏上归国航班。

九月十一日，由上海启程回乌镇，住进通安客栈。回乌镇定居后，除吃饭、睡觉和偶尔出门散步外，每天至少创作八个小时。

十二月十五日，《鲁迅祭》发表于《南方周末》。此为回国后唯一一次为大陆报刊撰写文章。

二〇〇七年　八十一岁

一月，《素履之往》《我纷纷的情欲》《鱼丽之宴》由广西师范大学出版社出版。

二〇〇八年　八十二岁

九月，《巴珑》《伪所罗门书：不期然而然的个人成长史》由广西师范大学出版社出版。

十月，《云雀叫了一整天》《诗经演》由广西师范大学出版社出版。同月，孙郁、李静编的《读木心》由广西师范大学出版社出版。

二〇〇九年　八十三岁

五月，《爱默生家的恶客》由广西师范大学出版社出版。

二〇一〇年　八十四岁

八月，《木心画集》由广西师范大学出版社出版。

秋，身体出现明显而急骤的衰弱。

十二月，经陈丹青牵线，接受美国独立电影制片导演弗朗西斯科·贝罗和蒂姆·斯丹伯格为其录制纪录片。

二〇一一年　八十五岁

五月，由童明翻译的散文体小说集《空房》在美国由新方向出版社出版。

七月，陈向宏面告美术馆方案年内将启动，在陈丹青、林兵等陪同下前往西栅探看场地，选定美术馆馆址。

十二月二十一日凌晨三时，病逝于桐乡市第一人民医院，享年八十四周岁。

附：寻找『文学的鲁滨逊』

我会用两个词形容木心：茹古涵今和卧东怀西。我最早阅读他的作品是在二〇〇六年，在他的书于大陆第一次出版之后，对于没有一定中西方文化根底的人来说，要理解他的作品不容易，而若不了解他的生平遭际，就更难。这是我的切身体会，因为随着整理他的生平资料越多，我发现阅读他的文章越亲切，特别是在读他那些非虚构的散文作品时，能很快走入，并有会心之感。

综观目前已搜集到的木心资料，不难看出其前后的个性变化非常明显。少年时，他在整个乌镇已小有名气，我认识的一位今年已经八十多岁的老先生，告诉我说他小时候就已经知道木心这个人，还说他当时的名字是“孙仰中”。我从地方史料中发现，木心在乌镇期间，还曾参与创办过一份油印的文学刊物，叫《泡沫》，总共只出了五期。《泡沫》由一个名叫沈罗凡的人负责，木心是编辑之一，经常有文学作品在其上发表。那时，木心是一个文学青年。

从十七岁走出乌镇到杭州报考国立艺术专科学校开始，到之后在上海美专读书，以及一九四九年前后，木心可以说都是充满“革命”激情的，他积极参加学生运动，发传单、上街公演话剧，是上海美专的学生会骨干，因过于激进与先锋，被学校开除。也许是因新中国成立后在几次政治运动中的不幸遭际，木心将个性里的锋芒慢慢收敛，到晚年时，他已然成为一位参透了很多人生道理的智者。

现存的木心早年作品极少，恐怕《狱中笔记》是幸免于难的有数几部之一，其他都被抄走，并被付之一炬，据说共有自定文集二十二册。

我在《温故：木心逝世三周年纪念专号》上所写的《木心与夏承焘的“忘年交”》《木心与茅盾》《木心的一份“自制年表”》三文，是在编写“木心编年”的过程中，根据所掌握的史料整理成文的，也许可以当作《木心先生编年事辑》的前导预告，却并非这本书的写作总思路。所谓“编年事辑”，即是以时间的先后顺序为主线，搜集、考证并记录具体时间所发生的事件。

在考证的过程中，会纠正过往对木心的一些错误了解和认知。比如，我在《木心与茅盾》这篇文章里提到，有很多人、很多媒体都以为木心与茅盾有亲戚关系，这实际上是一种误解。我找到了木心回国前于二〇〇六年三月接受上海某画报采访时的明确澄清："茅盾在上海的时候，我们见过面。但他不是我的远亲，我们只是来自同一个地方而已。他有名气，但待人谦和，所以当时的文学青年都来拜访他，出了书都请他指教。我在他的私人图书馆里看了很多书。"另外，对于木心进入以及离开上海美专的确切年月，也经过我的考证，得以更正。

木心不是史学家，而是一个文学家、诗人，写文章天马行空，所以前后矛盾的地方在所难免。举他自制的年表为例，这份题名"中国岁月"的年表，具有不容置疑的史料价值。木心的记述方式扼要而清晰，以阿拉伯数字顺序排写了自一九二七年在乌镇出生，到一九八二年离开中国的完整履历，每条的内容包括了时间、地点、年龄和处境四项。但其中有笔误，他写年龄多数时候都用周岁，但一九六八年、一九八一年和一九八二年三个时间点，则用了虚岁。

要深入理解某人的文学、艺术，就需清楚了解其一生，木心自己就是这个观点的拥护者，你看他在纽约的世界文学史课堂上，往往都是先介绍一位作家或诗人的生平际遇，而后再论及作品，所谓"知人论世"。随着木心美术馆的开幕，将有大量此前未公开过的木心资料面世，它们都会成为我编年工作的重要参考。

《木心先生编年事辑》完成过程中的最大困难和遗憾，是木心一生中有几个时间段的史料是空缺的，像他先后两次担任过中学教师，一次是新中国成立前在杭州某高中；另一次是新中国成立后在上海，有五年时间。至今找不到关于这两段经历的详细资料。

除夏承焘以外，木心跟很多人有过交往，特别是与国画大师林风眠的相交，木心自己说过林先生既是他的老师，也是朋友，而且他特别强调林先生对自己的绘画创作产生过重要影响，但由于资料的缺失，无法得知他们之间的来往细节，可找到的只有木心写过的那篇纪念林先生的回忆文章《双重悲悼》，然而此文只在台湾地区发表过，大陆版本的木心作品中到目前还没有将其收录。

查找史料的过程中也有些意外发现，为研究木心四十年代在上海美专读书期间的情况，我去上海找到了他在校五个学期的期末成绩单，很惊喜。从成绩单来看，他一直名列前茅。前面提到过，这时的他，也是个名副其实的革命青年。

当然，有些内容是很确定无疑的。新中国成立后，在上海工作时期，木心和大姐姐一家住在一起，后来姐姐全家搬到北京，木心则留在上海。五六十年代时，木心主要从事全国各大展览的美术设计工作，曾有好长一段时间待在北京，此间跟亲戚多有走动。他大外甥女婿是位知名的外国文学专家，家里藏书丰富，木心在京期间经常到他家借书，他们也常谈论外国文学，木心说过，有不清楚的困惑，跟对方一问即豁然开朗。一九八六年，木心的第一本散文集出版后，他立即就寄给了北京的亲人。

说到木心发表作品，就不得不提及他被文坛发现并渐有文名的过程。我们都知道，二十世纪八十年代初，木心最早是在纽约的报纸上发表文章，后来，他经由旅法画家陈英德推荐给痖弦，遂开始发表作品。

一九八四年，痖弦主编的《联合文学》创刊，在创刊号上，他隆重介绍了木心，其所占篇幅是这本杂志的六分之一多。实际上，那本创刊号的作者阵容强大，都是当时已然在文坛富盛名的作家，如梁实秋、司马中原、洛夫等等，但他们的文章篇幅彼此相当，却都没有木心那样的规模。

《联合文学》创刊号推介木心煞费苦心，他首先是作为一名散文家被介绍，主题为“木心，一个文学鲁滨逊”。其中包括了木心的大致生平、著作简目，他的代表性散文《明天不散步了》和《哥伦比亚的倒影》等，还有专门为木心做的长篇访谈，请他分享创作经历、心得和文学观念。此外，痖弦还约人写了一篇文章叫《也是画家木心》，突出木心的艺术家身份，并同时附有好几幅木心的画作。

我还找到了一篇对木心的研究文章，取自郑明娳的著作《现代散文纵横论》，这是一本研究台湾地区现代散文写作的专著，很有意思的是，这本书最早的出版时间是一九八六年，正是木心在出版第一本书之后不久。由此可见木心的作品引起关注之早。

郑明娳的这本书在论述现代散文时，专门评说了木心的散文，评价非常高。她在文末写道，木心散文有不可多得的优点："这种以知性、智慧以及生命来建构的心血结晶，必不容易登上销售排行榜的名次，也不容易进入年度选集中。因为大部分读者没有耐心及精力来细读理解这类厚重、凝练的知性作品。然而，就现代散文的发展而言，这样的散文实在是值得开拓的一种类型，值得作者去努力耕耘，也值得读者去细心再三品味。"她之所以要在自己的散文专著里专门谈论木心，是因为她认为木心的散文创作，在整个散文领域中已然成为一种"值得开拓"的"类型"。

木心的传播离不开痖弦。木心发表文章，主要集中于两本刊物：《联合报》和《中国时报》，他觉得跟《联合报》之间的配合更默契。有一次，他写了一篇文章，如果没记错的话，好像是《九月初九》，他投给了《中国时报》，之后好长时间都没有发表，因为木心从来没有遇到过这种情况，于是他跟编辑联系，对方给的答复是文章观点有错误的地方，木心非常客气地提出希望他们退回，之后他转寄给痖弦，随即就发表了。木心与痖弦之间常有书信来往，他还跟朋友夸赞痖弦的字写得特别好。

木心文章在大陆的第一次正式刊载，我们通常以为是《上海文学》二〇〇一年五月至七月连载的《上海赋》。当时学者陈子善受《上海文学》之邀主持一个栏目，叫“记忆·时间”，其内容主要是选发一些老作家写上海的文章，他用三期连载了木心的这一篇《上海赋》，值得一提的巧合是，这篇文章的编辑就是前几年因写上海而大名鼎鼎的金宇澄。

但经我查找资料发现，木心于大陆发表的第一篇文章，实是在一九八五年第十一期《上海文学》的“散文之夜”栏目上的那篇《圆光》，它最早刊载于《中国时报》，估计是被《上海文学》转载的，木心后来提到他没有收到样刊，也没有收到稿费。这也可能是唯一一篇先于二〇〇六年木心作品在大陆出版前的公开文章，因为我们知道木心恢复写作是在一九八三年，而此前一段较长的时间他从未在大陆投过稿。

回顾木心的人生，颇多坎坷，但他对文学、艺术的执着和追求至死不渝。

我们梧桐阅社编的《爱木心》一书也将在不久后出版，而社刊《梧桐影》向来关注脚下这块土地上的书人和书事，向世人呈现桐乡的特异人文风景。我们的第五期是“木心纪念专辑”——以整期的规模纪念木心这位乡贤。由于反响极佳，所以决定在此基础上组织编印一本更具规模的《爱木心》，以飨读者。《爱木心》的书名有着比较鲜明的感情倾向，我们是希望用最简单直白的方式，表达故乡读者对木心及其作品的喜爱。木心说过：“艺术是一种爱的行为。”我们爱木心就是爱艺术。

对于我们读者而言，就如桐乡籍诗人沈木槿所说，阅读木心，是一桩长远的事。要想真正走进木心宏阔的文艺百花园，还需要大家去拿起木心的书沉下心来细细品读。我们相信，品读木心会是一段发现之旅，更是一段惊喜之旅。

（口述：夏春锦　采访：于丹　张泉　刊登于《生活月刊》第一二一期别册《木心：告别与重逢》。）

跋

屈指算来，我作第一篇有关木心的文章，大约是在五年前。随后在编撰《木心先生编年事辑》的过程中，又结合新发现的史料陆续撰写了一批。其中一半的文章曾以《木心考论》之名，作为读书民刊《蠹鱼》创刊号的内容内部刊印，本次收录时，均一一作了修订。

这一集的文字其实是在我编撰《木心先生编年事辑》的过程中出现的。写作之初，主要是基于以下两点考虑：一是为了考辨史实的需要，将零碎的资料连缀成文，其实是我深入思考的过程，这有助于加深我对材料的理解和甄别。二是单篇文章的形式更容易集中地描述一个相对完整的史实，这是有别于编年体呈现木心生平的另一种方式，更何况有些资料囿于体例根本无法收进编年中。由此说来，此书与《木心先生编年事辑》正可相互参阅。

为了排列有序，现将这些本就数量不多的篇什略分作六辑。

辑一的木心传略是应新版《乌镇志》之约而写，第一次尝试用平实的文字客观描述木心一生的大体轮廓。因体例及篇幅之故，收进《乌镇志》时做了部分删改，这次则是按原稿收录。

辑二、辑三是一组考辨文字，辑二偏向于木心个人史实的探讨，辑三则是在与他人的关系描述中探寻木心生平的某一个面向。

辑四研讨木心的部分著述，涉及第一本书、书简、《从前慢》和《木心谈木心：〈文学回忆录〉补遗》。我所关注的，均是边边角角的小问题，就事论事，无甚高明的意见。只是希望通过自己的浅议，抛砖引玉的同时，引发人们对木心相关作品的注意。此外还想关注木心的传播史和研究史，但到目前为止只梳理出一篇陈子善先生对木心的推介往事。另外一篇是拙编《爱木心》的自跋，收在此算是留一点走过的痕迹。

辑五则深藏了我的一份野心，即寻访木心的遗踪遗迹，打算今后写出一个系列。杭州之行迈开了第一步，终因懒散而未能形成文字。上海之行虽在其后，却写出了发轫之作。

辑六是木心年表，与辑一的木心传略前呼后应，相互补充，算是为研究者提供一份相对清晰的木心生平履历。此年表内容比较简略，更翔实的内容有待于一部更加成熟的《木心年谱》的出现。

书后所附是上海《生活月刊》杂志曾经对我的一个访谈，其标题“寻找‘文学的鲁滨逊’”颇能概括我目前从事木心研究的实情。无论是从故纸堆中钩沉抉微，还是在现实中寻访陈迹，都是一个“寻找”木心的过程。清代学者章学诚在其《文史通义》中有云：“高明者多独断之学，沉潜者尚考索之功，天下之学术不能不具此二途。”我既非高明者，亦非学院中人，致力于木心生平史事考索，纯粹出于一己的兴趣，能做的也只有下笨功夫而已。

最后需要说明的是，拙著受到杭州市哲学社会科学重点研究基地杭州师范大学“外国文学与话语传播研究中心”的经费资助，不仅入选二〇一七年度杭州市哲学社会科学规划重点课题，本人亦有幸被杭师大中美木心研究中心聘请为特聘研究员。

感谢陈丹青先生欣然为书名题签，木心美术馆更是提供了大量珍贵的照片，使得这本小书增色不少。感谢牛陇菲先生和陈子善先生的序言，两位长者均言辞恳切，勉励有加。面对大家的垂爱，区区唯有不断砥砺前行，以不负厚望焉。

此书幸得张谷江先生之助，又蒙浙江古籍出版社青眼，得以问世，在此亦致谢意！

是为跋。

夏春锦

二〇一九年四月十九日